서울공예박물관 공예총서
소장품탐구 시리즈 1

# 경혜인빈 상시호 죽책

敬惠仁嬪上諡號竹冊

왕실의 어버이에게 올리는 공경의 글

서울공예박물관
Seoul Museum of Craft Art

## 일러두기

1. 이 책은 서울공예박물관 수집연구과에서 진행한 〈2022년 공예총서 소장품탐구 시리즈 발간 사업〉의 결과물이다.
2. 수록 자료의 출처는 2022년 현재의 소장처를 명시하였으며, 자료명은 원소장처의 표기법을 따랐다. 서울공예박물관 소장자료는 소장처나 자료 제공처를 따로 밝히지 않았다.
3. 자료의 크기는 세로×가로 또는 세로×가로×높이를 기준으로 하고 단위는 ㎝이다.
4. 의궤, 실록, 문집 등 고문헌 자료는 현재 문법에 따라 교정하여 사용하였다.
5. 이 책에 수록된 모든 글은 한글 표기를 원칙으로 하되, 필요시 한자를 병기하였다.
6. 인용문에 대한 표기는 국내 학술저작물의 일반적인 표기법을 준용하였다.

# 경혜인빈 상시호 죽책

# 敬惠仁嬪上諡號竹冊

왕실의 어버이에게 올리는 공경의 글

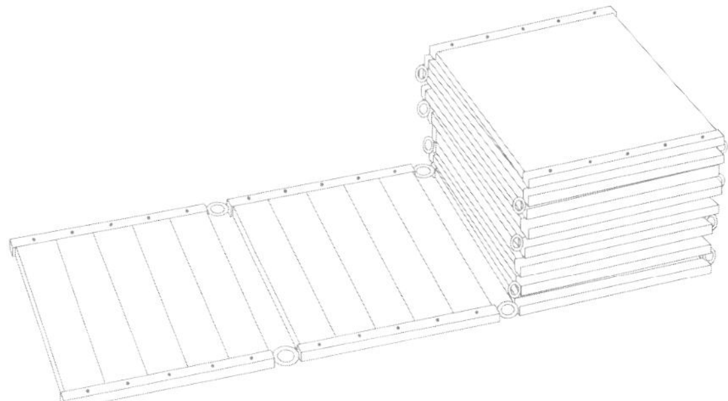

# 목 차

# 발간사

김수정
서울공예박물관장

서울공예박물관이 소장한 <경혜인빈 상시호 죽책>은 1755년영조 31 조선 제14대 왕 선조의 후궁 인빈 김씨의 시호를 올리는 과정에서 탄생했습니다. 조선 왕실은 정당성과 당위성을 지닌 국왕의 권력을 토대로 국가를 운영했습니다. 한 나라를 통치하는 국왕의 자리는 직계 후손에게 물려주는 것이 원칙이었습니다. 그렇지 못한 경우 왕은 조상의 지위를 높여 스스로가 적통자임을 증명하고자 했습니다. 조선 제21대 왕 영조가 6대조 할머니이자 가계의 가장 높은 어머니인 인빈 김씨의 시호를 올린 것도 이러한 배경에 기인한 것입니다.

조선 왕실에서 공예품은 권력을 표출하는 수단이자 상징이었습니다. 당대의 최고 기량을 지닌 장인이 전국 각지에서 수급한 가장 좋은 품질의 재료를 가공하여 엄격한 법식에 맞추어 제작했습니다. 죽책 하나를 제작하는 데에만 장인 40여 명의 노고가 들었습니다. 이들의 노력은 인빈 김씨의 숭고한 이야기를 기록한 죽책을 제작하고, 더 나아가 조선 후기 왕실과 국가를 안정적으로 유지하는 사상적 원동력으로 작용했습니다. 이 책은 죽책이 제작된 배경과 주인공인 인빈 김씨를 기리기 위한 이면의 수많은 노력을 조명하여 당대의 실상을 공예의 시선에서 전달하고자 했습니다.

<소장품탐구 총서>는 서울공예박물관 주요 소장품을 다각적으로 면밀하게 살펴보고 관련 정보를 전공자뿐만 아니라 일반 시민도 쉽게 이해할 수 있도록 체계적으로 전달하고자 기획되었습니다. 이 책에 담긴 <경혜인빈 상시호 죽책>을 둘러싼 사회상과 여기에 담긴 공예 이야기를 통해 죽책을 새롭게 바라보는 계기가 되길 기대합니다. 그리고 책을 발간하기 위해 고생한 김서란 수집연구과장, 수집연구과 강연경 학예사에게 깊은 고마움의 뜻을 전합니다. 아울러 책이 풍성하고 알차게 구성될 수 있도록 논고를 집필해주신 이욱·김미라 선생님, 논고와 함께 전반적인 감수를 맡아주신 장경희 선생님과 자료를 제공하고 유적 촬영을 허가해주신 고려대학교 박물관, 국립고궁박물관, 국립무형유산원, 문화재청 궁능유적본부 등 기관 관계자분들에게 감사드립니다.

## 기획의 글

# 소장품탐구 총서 제1권<br>〈경혜인빈 상시호 죽책〉 소개

강연경
서울공예박물관 학예연구사

서울공예박물관 '소장품탐구 총서'는 박물관 주요 소장품을 중심으로 공예품이 만들어진 당시의 역사적 맥락과 연계하여 공예 기술이 형성된 과정을 추적하고, 그동안 알려지지 않았던 이면의 공예 이야기를 발굴하고자 기획되었다. 인류의 역사에서 공예품은 각계각층의 목적에 맞게 발전하여 다양한 역할로 자리해왔다. 이중 공예의 '상징성'에 주목하여, 이 책의 주제인 <경혜인빈 상시호 죽책>을 통해 조선 왕실의 의례 공예품 이야기를 전달하고자 한다.

<경혜인빈 상시호 죽책>은 조선 제21대 왕 영조가 조선 제14대 왕 선조의 후궁인 인빈 김씨에게 시호를 올리고 생전 업적을 기리고자 제작했다. 유물의 이름을 풀어 해석하면 인빈 김씨에게 '경혜'라는[경혜인빈(敬惠仁嬪)] 시호를 올리면서[상시호(上諡號)] 만든 대나무 재질의 책[죽책(竹冊)]이라는 뜻이다. 인조 이후 조선 후기 왕실 가계의 가장 높은 어머니로서 왕실 번영에 기여한 인빈 김씨를 향해 6대조 후손인 영조가 지은 공경과 찬사의 글을 담았다.

<경혜인빈 상시호 죽책>을 둘러싼 조선 후기 왕실의 사회상과 당대의 공예 기술을 이해하기 위해서는 다양한 시선에서의 공예사적 분석이 필요하다. 이를 위해 1장 '조선 왕실 권위의 상징, 어책', 2장 '<경혜인빈 상시호 죽책>의 제작 배경', 3장 '<경

혜인빈 상시호 죽책> 살펴보기', 4장 '<경혜인빈 상시호 죽책> 자세히 보기'의 네 개의 장으로 구성하였다.

1장 조선 왕실 권위의 상징, 어책에서는 죽책과 같이 책의 형태로 만든 의례 공예품인 '어책御冊'의 유래와 현황을 살펴보았다. 어책은 이를 만든 재료에 따라 옥책玉冊, 죽책, 교명敎命 등으로 나뉜다. 의례 시 주인공의 지위나 존호·시호를 올리게 된 배경을 기록하여 어보御寶와 함께 수여하고, 사당에 안치하여 관리하였다. 어책과 어보는 2017년 《유네스코 세계기록유산》에 등재되어 그 가치를 인정받은 한국 고유의 유산으로써 주목된다.

2장 <경혜인빈 상시호 죽책>의 제작 배경에서는 조선 왕실의 추숭追崇 의례가 시행된 역사적 맥락을 짚어보고, 죽책의 주인공인 인빈 김씨에게 시호를 올린 배경을 살펴보았다. 인빈 김씨는 선조의 후궁이자 인조의 아버지인 추존왕 원종元宗의 사친私親이다. 1623년 인조반정 이후 이어진 조선 왕실 가계의 가장 높은 어머니로서 위상을 지닌 인물이기도 하다. 조선 후기 영조 대에 왕의 사친私親을 모시는 궁원제宮園制가 성립되면서 인빈의 사당과 원소를 건립하고, 사당에 '경혜'라는 시호를 올린 죽책과 은인銀印을 안치하였다.

3장 <경혜인빈 상시호 죽책> 살펴보기에서는 현재 전해지는 죽책 유물과 그 구성품을 다루었다. 인빈의 시호를 올린 죽책은 이를 보관할 때 사이마다 끼워 완충재 역할을 한 솜보자기인 격유보, 격유보를 끼워 접은 죽책을 감싸는 책갑과 함께 남아있다. 이들 공예품의 양식은 『경혜인빈상시봉원도감의궤』에 기록된 도설과 일치하며, 국가 의례에 검약을 강조했던 영조 대 공예품의 제작 특징이 반영되어 있다. 3장의 마지막에는 죽책에 새겨진 책문의 내용을 수록하여 인빈을 향한 영조의 정성을 엿볼 수 있게 하였다.

4장 <경혜인빈 상시호 죽책> 자세히 보기에서는 인빈 김씨의 추숭 의례를 준비한 전담 기구인 '상시봉원도감上諡封園都監'의 운영체계를 살펴보고, 죽책을 제작한 '책인조성소冊印造成所'에 소속된 관원과 장인의 협업·분업 실태를 파악하였다. 공예품은 왕실의 권위와 직결되었기에 국가의 법식과 규율이 가장 엄중히 적용되었다. 전국 각지에서 좋은 품질의 재료를 선별하여 중앙으로 올리고, 최고의 역량을 갖춘 장인이 동원되었다. 여기에 공예품이 제작되는 전체 과정을 의례에 참여한 경험이 많은 관리가 감독하여 왕실의 품격에 맞는 공예품을 제작하였다.

그동안 죽책과 같은 서책 형태의 왕실 공예품은 책문의 양식 및 사상적 함의와 관련하여 주로 한문학과 서지학의 관점에서 접근하여 연구되었다. 2017년 어책과 어보를《유네스코 세계기록유산》으로 등재하면서 실시한 전수조사를 통해 개괄적인 연구가 이뤄졌으나 이후 연구가 활발하진 않았다. 다행히 서울공예박물관 소장 <경혜인빈 상시호 죽책>의 제작 과정을 상세히 기록한『경혜인빈상시봉원도감의궤』가 외규장각 도서로 국내에 귀환하여 죽책 제작의 전모를 파악할 수 있었다.

이 책은 서울공예박물관 소장 <경혜인빈 상시호 죽책>을 중심으로 조선 왕실의 문화적 양상 속에서 공예품이 지닌 의미를 살펴보고, 재료 수급과 제작 공정, 장인 등 당시 공예 기술의 양상을 구체적으로 밝혀냈다는 데에 의의가 있다. 또한 그동안 무명으로 알려져 있던 조선 왕실 의례 공예품의 제작자와 이들의 행적을 일부나마 확인했다는 점도 주목된다. 아쉽게도 기록이 온전하지는 않아 세세한 흔적을 헤아리기엔 어렵다. 추후 다른 의례와 비교 검토하여 조선 왕실의 전체 역사에서 인빈 죽책이 지닌 공예사적 함의에 대한 정교한 분석이 필요하다. 이 책을 통해 어책이 공예품으로써 지니는 상징성의 의미를 되새겨보고, 조선 왕실 공예품의 이해에 도움이 되기를 바란다.

"살아서는 관작官爵이 있고
죽어서는 시호諡號가 있는 법인데,
시호는 그 행실의 자취인 것입니다.

그러하옵기에,
큰 행적에는 큰 이름을 받고,
작은 행적에는 작은 이름을 받게 마련입니다.

… 또한 그 이름은
앞서 죽어 없어지더라도
남긴 경계는 후세까지 살아 있을 것이니,
명분과 교화에 보탬이 되는 바가 어찌 작다 하리오."

『세종실록』 81권, 1438년세종 20 6월 17일

維歲次乙亥六月癸卯朔二
十二日甲子國王
冊謹以
行景祉於萬世緬懷
懿規修曠典於百年聿陳
顯冊敢云章
美稱爲伸誠伏惟
仁嬪
飭行端貞
稟性溫粹
夙齡膺名家之
選叶異夢於
長秋
揚範播六宮之譽

# I

# 조선 왕실 권위의 상징, 어책御冊

'죽책'은 왕실 구성원의 직위를 임명하거나
높이 기리는 이름을 수여할 때 만든 문서인
어책御冊의 일종이다.

어책은 어떤 과정을 통해
우리에게 전해져오고 있을까?

# 어책이란?

1 어책의 유래

2 어책의 봉안과 관리

3 어책의 종류

4 어책 유물의 현황

# 1 어책의 유래

어책御冊은 왕과 왕비, 왕세자 등 왕실 구성원의 직위를 임명하는 책봉冊封* 의례 또는 업적을 높이 기리는 이름인 존호尊號* 또는 시호諡號*을 수여할 때 글을 새겨 만든 왕실의 책을 말한다. 국가 의례에서 어책이 사용된 연원은 고대 중국에서 제후에게 토지를 나누고 등급에 맞는 작위를 내리는 책봉 의례를 시행할 때 대나무 쪽으로 만든 책(冊)에 기록한 것에서 찾을 수 있다. 당대唐代 이후에 대나무 대신 금이나 옥을 사용했으며, 책을 사용하는 의례의 범위가 존호나 시호를 올리는 의식까지 확대되었다.[1]

우리나라는 삼국시대부터 중국 황제로부터 책봉을 받아 외교 체제를 구축하였으므로 중국의 책봉 제도가 자연스럽게 정착되었을 것으로 여겨진다. 기록에서 확인되는 이른 사례로는 신라에서 514년에 선왕에게 '지증智證'이라는 시호를 올린 것이 확인된다.[2] 그러나 당시 의례에 어책의 사용 여부는 확인하기 어렵다.

고려 인종대왕 시호 옥책 | 고려(1146년) | 국립중앙박물관

* 책봉(冊封) : '책명(冊命)'과 '봉작(封爵)'의 합성어로 직위에 임명하는 일

* 존호(尊號) : 수여 대상의 생전이나 사후에 덕을 높이 기리는 뜻으로 올리는 칭호. 생전에 올린 후 사후에 추가로 올리는 것은 '추상존호'라 하였다.

* 시호(諡號) : 수여 대상이 사망한 뒤에 행적에 따라 올리는 칭호. 조선시대에 왕·왕후·세자·세자빈·후궁 등 왕실 구성원이 세상을 떠난 후 후대 왕이 그 덕을 기리기 위해 특별히 올리던 이름이다. 공신, 고위 관료, 학자 등이 사망하는 때에도 국가에서 시호를 내려주는 경우가 있었다.

어책의 존재가 기록에서 확인되는 것은 고려 때부터이다. 『고려사高麗史』에는 고려 왕이 중국 황제로부터 책봉을 받을 때 옥책이 수여되었으며, 고려 왕실에서 존호와 시호를 올릴 때는 옥책을 사용하고, 축문과 왕비의 책봉에는 죽책을 내렸다.[3] 『고려사』「예지禮志」 <길례대사吉禮大祀> 편을 보면 태묘太廟*에 친향親享*을 지낼 때 태조太祖의 묘실에는 옥책을 쓰고 나머지 8개의 묘실에는 죽책을 사용한다고 하였다. "옥책은 은실[銀絲]로 꿰고 죽책은 붉은 실로 된 끈으로 꿰어 붉은 비단으로 장식한다."라고 하여 조선시대의 어책과는 첩을 엮는 방식이 달랐던 것으로 보인다.[4] 1146년의종 즉위년 고려 의종이 선왕에게 '공효恭孝'라는 시호와 '인종仁宗'이라는 묘호를 올리면서 제작한 시호 옥책[諡冊]이 인종 장릉에서 도굴된 것이 현존하여 그 모습을 파악할 수 있다.[5]

1392년 7월 태조는 새로운 국가의 개창을 알리고 즉위 교서를 발표하였는데, 여기서 "의장儀章과 법제法制는 고려의 옛 제도에 의거한다."라고 하여 국가의 운영제도는 고려를 계승하는 것을 원칙으로 삼았다. 다만 『예경禮經』과 옛 제도와 맞지 않는 종묘 제도 등은 예조禮曹와 의논하여 자주적인 제도를 수립할 것을 선포하였다. 이에 따라 어책을 사용하는 의례 절차도 개편되었다.[6]

즉위 교서 발표에 뒤이어 태조의 4대 선조先祖에게 존호를 정하여 올리고 그해 11월에 종묘에 위향位香 공간을 조성하여 업적과 인품 등을 새긴 어책을 올렸다.[7] 이후 조선 왕실에서는 대대로 당대 혹은 선대 왕실 구성원을 높이는 추숭 의례를 통해 어책을 만들어 왕권 계승의 정당성을 확보하는 동시에 국가의 사상적 기반을 마련하였다. 중국과의 책봉 관계는 지속되었지만 중국에서 내리는 시호를 사용하지 않고 왕실 내부에서 주체적으로 존호와 시호를 결정하여 어책과 어보에 새겼다.[8]

조선시대에 책봉 명칭 또는 존호·시호 등을 새긴 어책은 어보御寶·어인御印과 함께 제작되고 수여되었다. 어책이 다수 제작된 의례를 중심으로 살펴보면 책봉 시에는 왕비에게 금보와 옥책·교명을 함께 올렸고, 왕세자[빈]·왕세손[빈]·왕세제[빈]에게 금이나 은·옥으로 만든 인장과 죽책, 교명을 함께 올렸다. 대한제국 선포 이후 황실로 격상되면서 황후와 황태자·황태자비에게 옥책 대신 금책을 올렸다. 존호를 올릴 때는 대체로 대상이 살아있을 경우 옥보와 옥책을 함께 올리고 사후에는 금보와 옥책을 올렸다. 시호를 올릴 경우 왕세자[빈]·왕세손[빈]은 금이나 옥으로 만든 인장과 죽책을 함께 올리고 왕과 왕비는 금보와 옥책을 올렸다.[9]

* 태묘(太廟) : 역대 왕의 신주를 모시는 사당. 조선시대의 종묘(宗廟)와 같다.

* 친향(親享) : 국왕이 참석하여 직접 행하는 제사로 친제(親祭)고도 한다.

## 2 어책의 봉안과 관리

어책은 포장 의례인 봉과封裹를 거쳐 사당에 봉안되었다. 봉안 장소는 수여 대상의 신분에 따라 달라지는데 왕과 왕비의 어책은 종묘宗廟 신실에 봉안하는 것을 원칙으로 하였다. 여기에 봉안되지 못한 왕과 왕비, 왕세자[빈]나 왕세손[빈], 후궁 등은 별도의 사묘祠廟를 건립하여 안치하였다.[10] 소현세자, 의소세손과 같이 이미 조성된 별묘에 합사하여 모시는 경우도 있었다. 인조의 아들인 소현세자는 명종의 아들 순회세자의 사당인 순회묘順懷廟를 한 칸 증축하여 의물을 배설하였으며, 영조의 손자이자 사도세자의 아들인 의소세손은 영조의 잠저인 창의궁彰義宮에 건립된 효장묘孝章廟에 이어 의소묘懿昭廟를 추가로 설립하여 봉안하였다.[11] 영조의 아들 사도세자와 같이 추숭 이후 종묘에 부묘하는 경우도 있었다. 사도세자는 1764년 사후 사당이 조성되어 경모궁景慕宮에 모셔져 있다가 1899년고종 36 11월 장조의황제莊祖懿皇帝로 추숭되면서 신주를 경모궁에서 종묘 정전의 신실로 옮겼다.

종묘 정전 제13실 신실 | 국립고궁박물관

종묘 신실에는 북쪽 벽 중앙에 신주장神主欌을 두어 신주를 봉안하고 동쪽에는 어보와 인장이 놓인 보장寶欌을, 서쪽에는 어책과 교명 등을 보관하는 책장冊欌을 두었다.[12] 종묘에 안치된 어책은 종묘서宗廟署에서 주로 관리하였다. 『경국대전經國大典』을 보면 "종묘의 옥책, 죽책과 교명은 종묘서의 제조提調가 매년 한 번씩 받들어 살핀다."라고 하여 관리 주체를 명시하고 있다.[13] 왕실에서 어책을 보존·관리한 내용은 『종묘의궤宗廟儀軌』, 『종묘등록宗廟謄錄』, 『책보록冊寶錄』 등의 기록물을 통해 전해진다.[14] 사묘에 안치된 왕실 구성원의 의물 봉안도 규모에 차이가 있을 뿐 종묘의 법식을 기본으로 하였다.

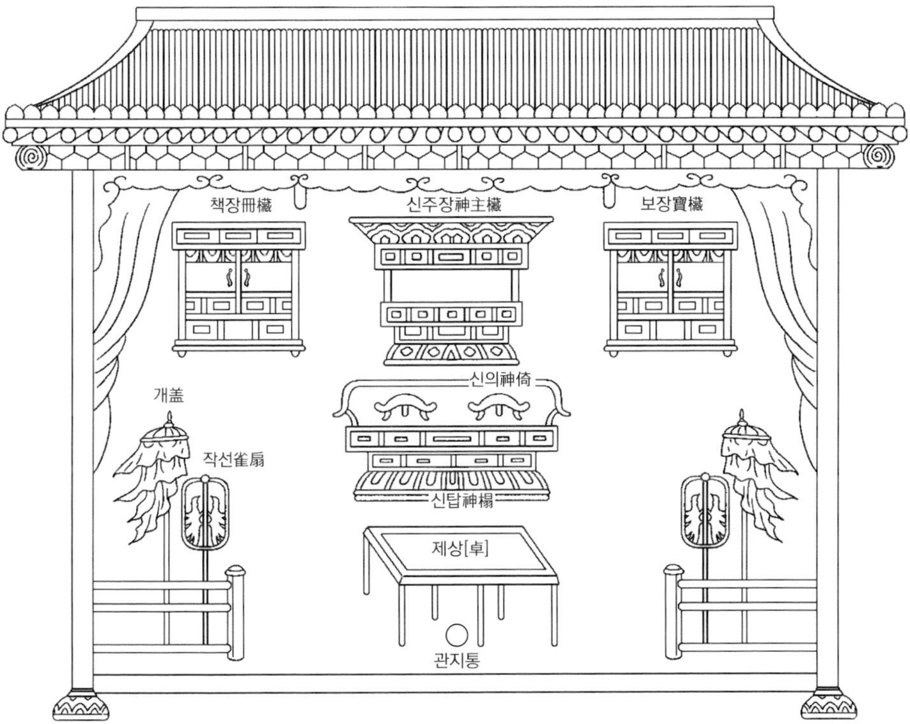


종묘일간도(宗廟一間圖) | 『종묘의궤』 | 규장각한국학연구원

# 3 어책의 종류

어책은 수여 대상과 의례 목적을 고려하여 선정한 재료에 따라 옥으로 만든 옥책玉冊, 대나무로 만든 죽책竹冊, 금으로 만든 금책金冊, 비단으로 만든 교명敎命으로 나뉜다. 이중 금책은 근대기 대한제국 황실에서만 제작되었다. 어책이 사용되는 의례의 목적을 기준으로 책봉 시 사용하는 봉책封冊, 시호를 올릴 때 제작하는 시책諡冊, 사후 업적을 기리고 추모하는 성격의 애책哀冊 등으로 구분하기도 한다. 그 내용은 책봉의 목적일 경우 수여 배경과 자질, 효성과 우애, 예의와 법도 등 직위에 맞게 갖춰야 할 덕목을 훈계하였다. 존호·시호 등을 올릴 때는 수여 대상의 업적과 배경·의미 등을 수록하였다.

## 옥책玉冊

태조 추상시호 옥책 | 1683(숙종 9) | 국립고궁박물관

옥책은 왕비를 책봉하거나, 왕비 이상의 왕실 구성원에게 존호·시호·휘호徽號* 등을 올릴 때 수여되었다. 옥을 가공하여 만든 옥간玉簡에 내용을 새겨 첩으로 엮어 만들고, 음각으로 글씨를 새겨 금가루[金泥]를 채운 뒤 첩의 위아래 가장자리에 금속[邊鐵]을 둘러 장식한다.[15]

## 죽책竹冊

경종 왕세자책봉 죽책 | 1690(숙종16) | 국립고궁박물관

죽책은 왕세자 이하 왕실 구성원에게 존호·시호를 올리거나 책봉할 때, 후궁의 시호를 올릴 때 수여되었다. 후궁을 책봉할 때에는 교명만 제작되었다. 대신 대나무를 쪼개어 만든 죽간竹簡을 엮어 만든다는 점에서 옥책과 바탕 재료만 차이가 있고 첩을 엮어 꾸미는 방식은 같다.[16]

## 금책金冊

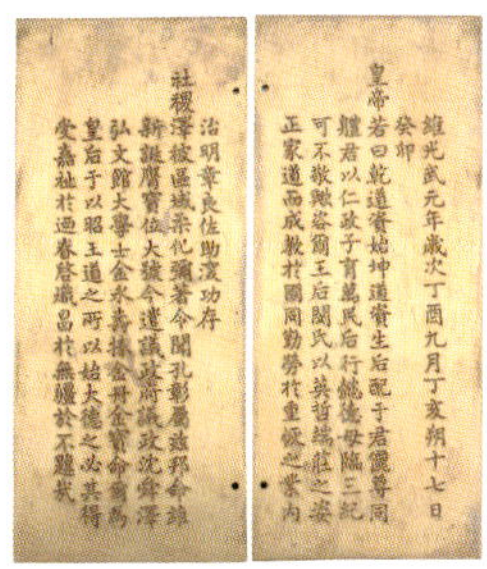

고종비 명성황후 황후책봉 금책
1897(광무 1) | 국립고궁박물관

금책은 1897년광무 1 대한제국 선포에 따라 왕실이 황실로 격상되면서 제작되었다. 대한제국 황실의 구성원을 책봉할 때 수여되었고, 존호·시호 등을 올릴 때는 이전과 같이 지위에 따라 옥책이나 죽책을 만들었다.

금책은 얇은 동판에 도금하여 만든 금편金片에 글씨를 새겨 만든다. 첩을 엮을 때 옥책·죽책에서 사용하는 고리[圓環]나 돌쩌귀를 달지 않고 종이책을 엮듯이 첩 안쪽 면 위아래에 구멍을 뚫어 실로 묶은 것이 특징이다. 음각으로 새긴 글씨에는 당주홍唐朱紅과 같은 붉은 안료를 채워 넣는다.[17]

* 휘호(徽號) : 왕비에게 시호와 함께 올리는 칭호

인조계비 장렬왕후 왕비책봉 교명 | 1638(인조 16) | 국립고궁박물관

교명은 대비大妃·왕비 이하의 왕실 구성원을 책봉할 때 수여하는 문서로 교훈과 경계가 되는 내용을 담고 있다.* 옥으로 만든 굴대[玉軸]에 비단으로 감싸서 만든 두루마리 형태로 되어 있으며 오색 비단에 먹으로 글자를 베껴 썼다. 두루마리의 처음과 마지막 부분에 머리를 각각 위와 아래로 향하고 있는 용 두 마리[升降龍]를 직조하고 사이에 '교명敎命'이라는 글자를 짜서 넣는다.[18] 이전에는 종이로 된 문서를 사용했으나 1437년세종 19 왕세자빈을 책봉할 때 중국의 제도에 따라 오색실로 짠 비단에 황금축黃金軸으로 꾸미고, 첫째 면[始面]에 전서체로 '교명' 글씨를 직조하여 새긴 이후로 비단 교명을 사용하였다.[19]

* 훈유문서(訓諭文書) : 조선 왕실에서 책봉 시 내리던 교훈과 경계의 글

# 4 어책 유물의 현황

『문원보불』, 『종묘등록』, 『조선왕조실록』 등 문헌 기록을 통해 파악되는 조선시대 어책의 제작 내력을 정리하면 옥책 351건, 죽책 76건, 금책 16건, 교명 77건이 확인된다.[20] 이중 실물이 전하는 것은 옥책 258건, 죽책 43건, 금책 7건, 교명 32건이다.[21] 임진왜란, 병자호란 등 전쟁으로 다수가 소실되어 조선 후기의 것만이 전한다.

현재 전하는 어책 유물 총 340건 중 329건이 국립고궁박물관에 소장되어 있으며 그 외 소장처로는 국립중앙박물관교명 2건, 한국학중앙연구원 장서각교명 2건, 고려대학교 박물관죽책 2건, 서울공예박물관죽책 1건 등이다. 어책은 어보와 함께 조선 왕실의 정통성과 정치적 안정성을 확립하기 위한 고유의 의례 문화라는 점에 높은 가치를 인정받아 2017년 《유네스코 세계기록유산》으로 지정되었다.

## 죽책 유물의 현황

어책 중 죽책은 실물이 총 43건이 전하는데, 국립고궁박물관에 40건, 고려대학교 박물관에 2건, 서울공예박물관에 1건이 있다. 이중 <문조비 신정왕후 왕세자빈책봉 죽책>은 프랑스 경매에 출품되었다가 2018년 국외소재문화재재단에서 환수하여 국립고궁박물관에 귀속되었다. 서울공예박물관 소장 <경혜인빈 상시호 죽책>은 현재 전해지는 후궁의 시호 죽책 중 가장 오래되었다는 점에서 주목할 만하다.

죽책은 제작 목적에 따라 시호 죽책, 존호 죽책, 책봉 죽책 등으로 나뉜다. 시호 죽책은 총 12건이 전하며 이중 왕세자 4건, 왕세자빈 2건, 왕세손 1건, 후궁 5건이다. 존호 죽책은 총 5건이 전하며 이중 왕세자 2건, 왕세자빈 3건이다. 책봉 죽책은 총 23건이 전하며 이중 왕세자 9건, 왕세자빈 8건, 왕세손 4건, 왕세손빈 1건, 왕세제 1건이다. 이에 해당하는 죽책 목록은 다음과 같다.[22]

시호 죽책 유물 현황

| 연번 | 구분 | 유물명 | 사진 | 제작연도 | 수여대상 | 소장처 |
|---|---|---|---|---|---|---|
| 1 | **시호** | 경종비 단의왕후 상시호 죽책 |  | 1718<br>(숙종 44) | 왕세자빈 | 국립고궁박물관 |
| 2 | **시호** | 진종 상시호 죽책 |  | 1729<br>(영조 5) | 왕세자 | 국립고궁박물관 |
| 3 | **시호** | 진종비 효순왕후 상시호 죽책 |  | 1752<br>(영조 28) | 왕세자빈 | 국립고궁박물관 |
| 4 | **시호** | 의소세손 상시호 죽책 |  | 1752<br>(영조 28) | 왕세손 | 국립고궁박물관 |
| 5 | **시호** | 경혜인빈 상시호 죽책 |  | 1755<br>(영조 31) | 후궁 | 서울공예박물관 |
| 6 | **시호** | 장조 상시호 죽책 |  | 1776<br>(정조<br>즉위년) | 왕세자 | 국립고궁박물관 |
| 7 | **시호** | 선조후궁 인빈김씨 가상시호 죽책 |  | 1776<br>(정조<br>즉위년) | 후궁 | 고려대학교<br>박물관 |
| 8 | **시호** | 영조후궁 정빈이씨 상시호 죽책 |  | 1778<br>(정조 2) | 후궁 | 국립고궁박물관 |
| 9 | **시호** | 문효세자 상시호 죽책 | 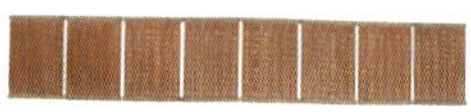 | 1786<br>(정조 10) | 왕세자 | 국립고궁박물관 |
| 10 | **시호** | 정조후궁 수빈박씨 상시호 죽책 |  | 1823<br>(순조 23) | 후궁 | 고려대학교<br>박물관 |
| 11 | **시호** | 문조 상시호 죽책 |  | 1830<br>(순조 30) | 왕세자 | 국립고궁박물관 |
| 12 | **시호** | 영조후궁 영빈이씨 상시호 죽책 |  | 1899<br>(고종 3) | 후궁 | 국립고궁박물관 |

존호 죽책 유물 현황

| 연번 | 구분 | 유물명 | 사진 | 제작연도 | 수여대상 | 소장처 |
|---|---|---|---|---|---|---|
| 1 | **존호** | 장조비 헌경왕후 상존호 죽책 |  | 1778 (정조 2) | 왕세자빈 | 국립고궁박물관 |
| 2 | **존호** | 장조 추상존호 죽책 |  | 1783 (정조 7) | 왕세자 | 국립고궁박물관 |
| 3 | **존호** | 장조비 헌경왕후 가상존호 죽책 |  | 1783 (정조 7) | 왕세자빈 | 국립고궁박물관 |
| 4 | **존호** | 장조 추상존호 죽책 |  | 1784 (정조 8) | 왕세자 | 국립고궁박물관 |
| 5 | **존호** | 장조비 헌경왕후 가상존호 죽책 |  | 1784 (정조 8) | 왕세자빈 | 국립고궁박물관 |

책봉 죽책 유물 현황

| 연번 | 구분 | 유물명 | 사진 | 제작연도 | 수여대상 | 소장처 |
|---|---|---|---|---|---|---|
| 1 | 책봉 | 현종 왕세손책봉 죽책 |  | 1649 (인조 27) | 왕세손 | 국립고궁박물관 |
| 2 | 책봉 | 현종 왕세자책봉 죽책 |  | 1651 (효종 2) | 왕세자 | 국립고궁박물관 |
| 3 | 책봉 | 현종비 명성왕후 왕세자빈책봉 죽책 |  | 1651 (효종 2) | 왕세자빈 | 국립고궁박물관 |
| 4 | 책봉 | 숙종 왕세자책봉 죽책 |  | 1667 (현종 8) | 왕세자 | 국립고궁박물관 |
| 5 | 책봉 | 숙종비 인경왕후 왕세자빈책봉 죽책 |  | 1671 (현종 12) | 왕세자빈 | 국립고궁박물관 |
| 6 | 책봉 | 경종 왕세자책봉 죽책 |  | 1690 (숙종 16) | 왕세자 | 국립고궁박물관 |
| 7 | 책봉 | 경종비 단의왕후 왕세자빈책봉 죽책 |  | 1696 (숙종 22) | 왕세자빈 | 국립고궁박물관 |
| 8 | 책봉 | 경종계비 선의왕후 왕세자빈책봉 죽책 |  | 1718 (숙종 44) | 왕세자빈 | 국립고궁박물관 |
| 9 | 책봉 | 영조 왕세제책봉 죽책 |  | 1721 (경종 1) | 왕세제 | 국립고궁박물관 |
| 10 | 책봉 | 영조비 정성왕후 왕세자빈책봉 죽책 |  | 1721 (경종 1) | 왕세자빈 | 국립고궁박물관 |
| 11 | 책봉 | 진종 왕세자책봉 죽책 |  | 1725 (영조 1) | 왕세자 | 국립고궁박물관 |
| 12 | 책봉 | 진종비 효순왕후 왕세자빈책봉 죽책 |  | 1727 (영조 3) | 왕세자빈 | 국립고궁박물관 |

| | | | | | | |
|---|---|---|---|---|---|---|
| 13 | **책봉** | 장조 왕세자책봉 죽책 |  | 1736<br>(영조 12) | 왕세자 | 국립고궁박물관 |
| 14 | **책봉** | 장조비 헌경왕후 왕세자빈책봉 죽책 |  | 1744<br>(영조 20) | 왕세자빈 | 국립고궁박물관 |
| 15 | **책봉** | 의소세손 왕세손책봉 죽책 |  | 1751<br>(영조 27) | 왕세손 | 국립고궁박물관 |
| 16 | **책봉** | 정조 왕세손책봉 죽책 |  | 1759<br>(영조 35) | 왕세손 | 국립고궁박물관 |
| 17 | **책봉** | 정조비 효의왕후 왕세손책봉 죽책 |  | 1762<br>(영조 38) | 왕세손빈 | 국립고궁박물관 |
| 18 | **책봉** | 문효세자 왕세자책봉 죽책 |  | 1784<br>(정조 8) | 왕세자 | 국립고궁박물관 |
| 19 | **책봉** | 순조 왕세자책봉 죽책 |  | 1800<br>(정조 24) | 왕세자 | 국립고궁박물관 |
| 20 | **책봉** | 문조 왕세자책봉 죽책 |  | 1812<br>(순조 12) | 왕세자 | 국립고궁박물관 |
| 21 | **책봉** | 문조비 신정왕후 왕세자빈책봉 죽책 |  | 1819<br>(순조 19) | 왕세자빈 | 국립고궁박물관 |
| 22 | **책봉** | 현종 왕세손책봉 죽책 |  | 1830<br>(순조 30)) | 왕세손 | 국립고궁박물관 |
| 23 | **책봉** | 순종 왕세자책봉 죽책 |  | 1875<br>(고종 12) | 왕세자 | 국립고궁박물관 |
| 24 | **책봉** | 순종비 순명효황후 왕세자빈책봉 죽책 |  | 1882<br>(고종 19) | 왕세자빈 | 국립고궁박물관 |

# II

# 〈경혜인빈 상시호 죽책〉의 제작 배경

인빈 김씨의 시호를 올린 죽책은
1755년영조 31 추숭追崇 과정에서
사당과 원소를 건립하면서 제작되었다.

이는 어떤 의미를 지니며,
그 절차와 과정은 어떻게 될까?

# 조선 왕실의 '사친 추숭私親追崇' 사업

1 영조 이전의 사친 추숭

2 영조 이후 궁원제宮園制의 성립

<경혜인빈 상시호 죽책>의 주인공인 인빈 김씨는 조선 제14대 왕 선조宣祖의 후궁이자 제16대 왕 인조仁祖의 아버지인 추존왕 원종의 사친이다. 조선의 왕위는 왕비가 낳은 아들이 이어받는 것이 원칙이었지만 왕이 후사가 없어 종친宗親 가운데서 대를 이을 사람을 세운 경우, 세자가 죽고 세손이 계승하는 경우, 반정反正으로 즉위하는 경우 등 다양한 변수가 발생하였다. 특히 조선 후기에 와서는 후궁의 아들이나 방계 후손이 적계嫡系로 입적入籍하여 왕위를 이은 경우가 많았다. 한 예로 영조英祖는 무수리 출신으로 숙종肅宗의 후궁이었던 숙빈 최씨淑嬪崔氏에게 출생했지만 왕위 계승을 위해 숙종비 인원왕후仁元王后에게 입적했다. 이렇게 왕위를 계승한 왕은 자신의 출생과 직접적으로 연관을 지닌 사친, 즉 후궁의 자식 또는 방계傍系 출신으로서 즉위한 임금의 부모에게 시호나 존호를 올려 추숭追崇함으로써 왕위 계승의 정통성을 확립하고 왕권을 안정적으로 구축하고자 했다.

## 1 영조 이전의 사친 추숭

조선시대에는 왕과 왕비가 승하하면 신주는 종묘에 부묘하고 무덤인 능陵을 건립하여 최고의 예우로 모셨다. 그 외에는 사당[廟]과 묘소[墓]를 조성하여 기렸는데, 이를 능묘제陵墓制라 한다. 능묘제는 조선시대 왕실 구성원의 무덤을 조성하는 보편적인 예법으로 자리잡았다. 그러나 적통자가 왕위를 계승하지 못하는 경우가 발생하면서 적통이 아닌 국왕은 사친의 직위를 높여 자신의 왕위 계승이 정당함을 표명하고자 하였다.

그 첫 번째는 조선 제9대 왕 성종成宗이 즉위한 후에 아버지인 의경세자懿敬世子를 덕종德宗으로 추존追尊한 일이다. 의경세자는 세조의 첫째 아들로 세자에 책봉되었으나 일찍 죽었기 때문에 둘째 아들인 해양대군海陽大君이 즉위하여 예종睿宗이 되었는데, 예종도 젊은 나이에 후계자 없이 서거하였다. 이 상황에서

종묘 영녕전 | 국립고궁박물관

1469년 의경세자의 둘째 아들인 자을산군者乙山君이 성종으로 즉위하고, 세조비 정희왕후貞熹王后가 대리청정을 하였다. 정희왕후는 성종의 왕권 기반을 확립하기 위해 아버지인 의경세자의 추숭을 시도했으나 신하들의 반대에 부딪혀 종묘에 모시지는 못하고 1471년성종 2 의경왕懿敬王으로 추존하여 사당과 묘소를 별도로 건립하였다. 사당은 의묘懿廟, 무덤은 의경묘懿敬墓라 하였다.[23] 이후 1475년성종 6 10월 9일 의경세자의 묘호廟號*를 덕종德宗으로 정하고[24], 이듬해 덕종의 옥책과 금보를 제작하고 부묘祔廟*를 거행하여 종묘에 모셨다.[25] 이는 왕위를 계승하지 못한 왕세자 신분의 사친을 추숭한 최초의 사례로서 후대 왕에게 많은 영향을 끼쳤다.[26]

왕의 사친인 어머니를 추숭하고자 시도한 일은 조선 제10대 왕 연산군燕山君 때가 최초이다. 1497년연산군 3 연산군은 어머니인 성종의 계비 폐비 윤씨廢妃尹氏의 사당을 효사묘孝思廟, 무덤을 회묘懷墓로 정하여 추숭하였다.[27] 그 후

* 묘호(廟號) : 임금이 죽은 뒤 종묘에 신위(神位)를 모실 때 올리는 이름

* 부묘(祔廟) : 왕이나 왕비가 죽은 뒤 종묘에 모시는 일

폐비 윤씨 묘(회묘) | 문화재청

공빈 김씨 묘(성묘) | 문화재청

덕흥대원군 묘 | 문화재청

1504년연산군 10 폐비 윤씨가 왕비였다가 폐위된 사건을 알게 되면서 관련 신하들을 숙청하고 폐비 윤씨의 지위를 제헌왕후齊獻王后로 높이고자 하였다.[28] 이에 격을 맞춰 사당은 혜안전惠安殿으로[29], 무덤은 회릉懷陵으로 승격시켰다.[30] 1506년 중종반정으로 연산군이 폐위되자 회릉은 다시 회묘로 강등되고 왕후릉을 조성하면서 설치한 시설물은 모두 철거되었다. 사당인 혜안전도 철폐되어 폐비 윤씨의 신주는 묘소에 묻었다.[31]

조선 제15대 왕 광해군光海君 때 왕의 사친인 후궁의 추숭을 처음 시도하였다. 광해군은 선조의 후궁인 어머니 공빈 김씨恭嬪金氏의 지위를 왕비로 높이고자 하였다. 즉위 직후인 1608년에 공빈 김씨의 신주를 자신의 잠저에 임시로 봉안하고[32] 이듬해 공빈 김씨의 묘소를 개수하도록 명하였다.[33] 1610년광해군 2 광해군은 명나라 효종 황제의 어머니 귀비 기씨紀氏의 사례를 거론하며[34] 추존을 단행하여 공빈 김씨를 자숙단인慈淑端仁 공성왕후恭聖王后라 올리고 사당을 봉자전奉慈殿, 무덤을 성릉成陵으로 정했다.[35] 이후 1623년 인조반정으로 광해군이 폐위되면서 공성왕후는 다시 공빈으로 강등되고 무덤도 성릉에서 성묘成墓로 바뀌면서 예법에 맞지 않는 시설물은 철거하였다.[36]

조선 제14대 왕 선조宣祖 대에는 서왕자 신분인 사친의 추숭이 이루어졌다. 선조는 아버지인 중종의 후궁 창빈 안씨昌嬪安氏의 아들 덕흥군德興君과 어머니인 문신 정세호鄭世虎의 딸 하동군부인河東郡夫人 정씨鄭氏 사이에서 셋째 아들로 태어났다. 1569년선조 2 명종明宗이 서거하자 명종비 인순왕후仁順王后에 의해 지목되어 왕위를 이어받았다. 1569년 명종의 삼년상을 마치고 본격적으로 정사를 보기 시작한 선조는 즉위하자마자 부모의 지위를 높여 아버지는 덕흥대원군德興大院君, 어머니는 하동부대부인河東府大夫人이라 하였다. 덕흥군은 성종 때 부묘했던 의경세자와는 달리 왕위 적통자에 해당하지 않았으므로 능을 건립하지 않고 가묘家廟인 덕흥궁德興宮에 신도비만 세웠다.[37]

조선 제16대 왕 인조仁祖는 1623년 반정을 일으켜 광해군을 폐위시키고 왕위에 올랐다. 아버지 정원군定遠君이 선조 후궁 인빈 김씨의 아들이었으므로 선조와 조손 관계임을 강조하여 왕위 계승의 정당성을 확보하고자 했다. 인조는 즉위하자마자 선조 때 추존한 덕흥군의 선례에 따라 정원군을 정원대원군定遠大院君으로 높였다. 인조는 신하들에게 정원군의 능호陵號를 의논하여 정하게 하였는데 우의정 신흠申欽이 중국 한漢에서 침원寢園이라 한 전례를 들어 위계가 능보다 낮고 묘보다는 높게 위치한 '원園'이라는 단어를 쓸 것을 제시하였다. 인조는 이를 채택하여 정원대원군의 묘소를 흥경원興慶園으로 격상시키고[38] 어머니 구씨는 연주부부인連珠府夫人으로 지위를 임명하여 무덤을 육경원毓慶園이라 올려 불렀다. 같은 해 인조는 사친인 정원대원군을 왕으로 추존하여 묘호를 원종元宗으로 정하고, 연주부부인 구씨는 인헌왕후仁獻王后로 추존하여 종묘에 신주를 부묘하였다.[39] 원소인 흥경원과 육경원은 합하여 장릉章陵으로 격상시켰다.[40] 인조의 정원군 추숭은 사친의 무덤을 조성할 때 원의 위계를 처음으로 적용한 사례이다.

장릉

## 2 영조 이후 궁원제宮園制의 성립

조선 제21대 왕 영조 대에도 왕위 계승의 정통성 문제는 계속하여 제기되었다. 특히 영조의 어머니가 무수리 출신인 숙종의 후궁 숙빈 최씨淑嬪崔氏인 점을 문제로 삼았다. 이전 임금인 경종景宗이 갑작스럽게 죽음에 이르면서 독살 의혹을 빚었고, 영조가 왕위에 즉위하는 과정에서 여러 차례 역모도 발생하였다. 1722년경종 2 영조의 왕세제 책봉 문제를 둘러싸고 발생한 신임옥사辛壬士禍, 1727년영조 3 영조의 왕위 계승을 부정하고 소현세자의 증손인 밀풍군密豊君 탄坦을 옹립하고자 했던 이인좌의 난 등이 해당한다. 그가 노론老論 세력에 힘입어 왕위에 올랐다는 점도 반대 세력의 공격 대상이 되었다. 이처럼 영조의 정치적 입지가 위기에 처해 있었으므로 왕권의 정당성을 부여할 기반이 필요한 상황이었다.[41]

이에 영조는 직계 사친의 직위를 높여 자신의 입지를 확고히 하고자 했다. 가장 먼저 즉위년인 1724년에 숙빈 최씨의 사당을 별도로 건립할 것을 명하였는데[42], 이듬해 완성되면서 숙빈묘淑嬪廟로 불렸다.[43] 이후 1753년영조 29 효순궁孝純宮의 전례에 따라 죽책과 은인銀印을 제작하여[44], 숙빈 최씨에게 '화경和敬'이라는 시호를 올리고 사당을 육상궁毓祥宮, 묘소를 소령원昭寧園으로 격상시켰다.[45]

숙빈 최씨의 추숭 이전에는 후궁인 사친을 추숭한 전례가 거의 없었다. 광해군 때 후궁인 공빈 김씨를 추숭하여 왕비와 동등한 지위로서 부묘祔廟하였으나 인조반정 이후 후궁의 격에 맞지 않다고 하여 사당과 묘소가 다시 강등되고 시설물이 철거된 바 있다. 영조는 광해군 때와 달리 숙빈 최씨를 종묘에 부묘祔廟하는 단계까지는 진행하지 않고 대신 사당을 궁宮, 묘소를 원園으로 격상시키는 데에 그쳤다. 이로써 정치적

소령원

으로 예론상의 논쟁을 피하면서 국왕 사친의 사당과 무덤의 격을 높이는 새로운 예제인 궁원제宮園制를 확립하였다.[46]

영조 다음으로 왕위를 이어받은 정조正祖 대에도 왕권 계승의 정통성을 입증하기 위한 사업이 이루어졌다. 정조는 사친인 사도세자가 죄인의 신분으로 죽임을 당함에 따라 그의 형인 효장세자에게 입적하여 즉위하였다. 즉위년인 1776년 3월 19일 영조의 유지遺旨에 따라 효장세자를 진종眞宗으로 추존하여 종묘에 부묘하고 효장묘孝章墓를 영릉永陵으로 격상시켰다. 하지만 바로 다음날 정조는 자신이 사도세자의 아들임을 선포하고 아버지 사도세자에게 '장헌莊獻'이라는 존호를 올렸다.[47] 1764년 당시의 사당인 수은묘垂恩廟와 묘소는 각각 경모궁景慕宮, 영우원永祐園이라 올려 중건하였다.[48] 이후에도 효장세자의 어머니인 정빈 이씨靖嬪李氏를 저경궁의 전례에 따라 모시는 등 왕권 확립을 위한 사친 추숭은 계속되었다.[49]

영조 대에 초석을 다진 궁원제는 정조 대에 확립되어 대한제국까지 이어졌다. 고종 대에 궁원제 적용에 위계질서가 일정하지 않은 점이 지적되어 묘를 관리하던 수묘관守墓官이 배치된 왕세자와 왕세손의 무덤을 묘에서 원으로 높이도록 개편하였다.[50] 순종 대에는 일제 치하의 상황에 따라 궁원제가 어느 정도 유지되었다. 조선 왕실에서 이뤄진 마지막 궁원 조성은 1911년 고종의 후궁이자 영친왕의 사친인 귀비 엄씨가 승하하면서 '순헌純獻'이라는 시호를 올리며 덕안궁德安宮과 영휘원永徽園을 건립한 일이다.[51] 1922년 영친왕의 아들인 왕손 이진李晉이 서거하였을 때는 무덤을 숭인원崇仁園이라 하고 영휘원 안에 간소하게 조성하였다.[52]

조선 왕실 후궁의 사당은 현재 육상궁에 합사되어 칠궁七宮으로 명칭이 바뀌었다.[53] 이중 육상궁과 연우궁延祐宮, 선희궁宣禧宮은 한 건물에 신주를 모시고 있다. 궁과 원이 현존하는 후궁은 조성 순서대로 경종의 어머니 희빈 장씨, 영조의 어머니 숙빈 최씨, 원종의 어머니 인빈 김씨, 장조사도세자의 어머니 영빈 이씨, 진종효장세자의 어머니 정빈 이씨, 순조의 어머니 수빈 박씨, 그리고 조선 마지막 황태자 영친왕의 어머니인 순헌귀비 엄씨이다.

| 구분 | 명칭 | 사진 | 대상자 | 최초 조성시기 |
|---|---|---|---|---|
| 궁 | 대빈궁 |  | 희빈 장씨 | 1722년(경종 2)<br>*1908년 이건 |
| | 육상궁 |  | 숙빈 최씨 | 1753년(영조 29)<br>*1883년 중건 |
| | 저경궁 |  | 인빈 김씨 | 1755년(영조 31)<br>*1908년 이건 |
| | 선희궁 |  | 영빈 이씨 | 1764년(영조 40)<br>*1908년 이건 |
| | 연우궁<br>(연호궁) |  | 정빈 이씨 | 1778년(정조 2)<br>*1908년 이건 |
| | 경우궁 |  | 수빈 박씨 | 1824년(순조 24)<br>*1908년 이건 |
| | 덕안궁 |  | 순헌귀비 엄씨 | 1911년<br>*1929년 이건 |
| 원 | 소령원 |  | 숙빈 최씨 | 1753년(영조 29) |
| | 순강원 |  | 인빈 김씨 | 1755년(영조 31) |
| | 수경원 |  | 영빈 이씨 | 1764년(영조 40) |
| | 수길원 |  | 정빈 이씨 | 1778년(정조 2) |
| | 휘경원 |  | 수빈 박씨 | 1823년(순조 23) |
| | 영휘원 |  | 순헌귀비 엄씨 | 1911년 |

조선 후기 후궁의 사당과 원소

# 인빈 김씨仁嬪金氏의 추숭 과정

1 선조의 후궁 인빈 김씨

2 인빈 김씨의 추숭의례 절차

3 저경궁儲慶宮과 순강원順康園

영조는 1753년 거행한 어머니 숙빈 최씨의 추숭 의례에 이어 1755년 자신의 6대조 할머니인 선조의 후궁 인빈 김씨에게 시호를 올리고 사당과 묘소를 건립하는 사업을 추진했다. 인빈 김씨의 사당을 저경궁儲慶宮, 묘소를 순강원順康園으로 승격시켰으며 '경혜敬惠'라는 시호를 올리고 죽책竹冊과 은인銀印을 만들어 각각 저경궁의 책장冊欌과 인장印欌에 안치하였다. 이때 제작된 죽책이 <경혜인빈 상시호 죽책>이다.

## 1 선조의 후궁 인빈 김씨

인빈 김씨仁嬪金氏는 조선 제14대 왕 선조宣祖의 후궁이자 조선 제16대 왕 인조仁祖의 아버지인 원종元宗의 어머니이다. 본관은 수원水原이며 1555년명종 10 2월 29일에 사헌부 감찰 김한우金漢佑와 충의위忠義衛 이성李性의 딸 이씨李氏 사이에서 출생했다. 어릴 때 외사촌 언니인 숙의 이씨淑儀李氏가 명종의 후궁으로 있으면서 궁중에 인빈을 데려다 길렀는데, 14세에 명종비 인순왕후仁順王后의 눈에 띄어 정식으로 입궁하게 되었다. 이후 1604년선조 37 정식으로 후궁에 책봉되면서 '인빈仁嬪'이라는 호가 수여되었다. 1608년선조 41 선조가 승하하자 삼년상을 치른 후 사저에 복귀하였다. 1613년광해군 5 10월 59세의 나이에 병환으로 승하하여 같은 해 12월 양주楊州 풍양리豐壤里 자좌子坐 오향午向의 언덕에 장례를 지냈다.[54]

인빈 김씨는 천성적으로 성품이 온화하고 항상 겸손하여 당대에 덕망 높은 인물로 평가되었다. 임금을 공경스럽게 모시고 아랫사람에게 관용을 베풀었으며, 선조의 총애를 받을수록 몸가짐을 조심히 하여 존경의 대상으로 여겨졌다. 선조비 의인왕후懿仁王后가 병환으로 눕게 되자 직접 약시중을 들었으며 왕비의 승하 이후 장례 예법까지 모두 담당하였다. 인빈이 선조의 총애를 받으면서 오라버니인 김공량金公諒이 세도를 부렸는데, 이 일로 정사에 개입한다는 비판을 받았음에도 불구하고 좋은 평가를 받았다. 광해군은 인빈이 승하했을 때 "내가 서모庶母의 은혜를 받아서 오늘이 있게 된 것이니, 그 의리를 감히 잊지 못한다."라며 3일간 조시朝市를 중지하게 했다. 이는 사헌부에서 '한때의 사은私恩'이라 칭하며 철회를 요청할 정도로 전례와 근거가 없는 일이었다.[55] 인조 역시 인빈의 제사를 지내면서 "내가 어렸을 때부터 인빈에게서 양육을 받았는데, 어제 사묘에 친제할 때에 북받치는 감회를 억누를 수 없었다."라고 하여 왕실의 어머니로서 존중을 표했다.[56]

인빈 김씨는 슬하에 4남 5녀를 두었는데 장남부터 차례대로 나열하면 의안군 이성義安君 李珹, 신성군 이후信城君 李珝, 정원군 이부定遠君 李琈, 의창군 이광義昌君 李珖이다. 다섯 딸들은 장녀 정신옹주貞愼翁主, 정혜옹주貞惠翁主, 정숙옹주貞淑翁主, 정안옹주貞安翁主, 정휘옹주貞徽翁主의 순이다. 이중 셋째 아들 정원군의 아들인 능양군綾陽君이 1623년광해군 15 인조반정仁祖反正을 일으켜 광해군을 폐위하고 제16대 왕 인조로 즉위하였다. 1632년인조 10 정원군이 원종으로 추존되면서 인빈 김씨는 왕의 할머니이자 추존왕의 사친私親이 되었다. 이후 인조의 후손이 대대로 왕위를 이었으므로 인빈 김씨는 조선 후기 왕실 계보의 가장 높은 어머니가 되었다. 영조에게는 인빈 김씨가 직계直系 6대조 할머니가 된다.

김은호作, 원종 어진
1986년 | 국립고궁박물관

후궁
선조
인빈 김씨
삼남
원종
인헌왕후
장남
인조
인열왕후
차남
효종
인선왕후
장남
현종
명성왕후
장남
후궁
숙종
숙빈 최씨
차남
영조

인빈 김씨 후손 가계도

# 2 인빈 김씨의 추숭의례 절차

1613년광해 5 인빈 김씨가 승하하면서 신주를 모실 사우祠宇를 건립하였다. 이후 인빈 김씨의 신주를 송현궁松峴宮에 옮겨 봉안했다가 다시 후손인 여천군驪川君 이증李增의 집으로 옮겼다. 이때 인빈 김씨의 아들인 의창군義昌君과 인조의 후궁 귀인 조씨의 아들 낙선군樂善君과 함께 안치하게 되었다. 영조는 1743년영조 19 별묘別廟를 건립하여 인빈 김씨의 신주를 봉안하게 하고 비용과 물품을 지원하였다.[57]

인빈 김씨의 신주를 모시던 이증이 1749년영조 25에 역적으로 처벌되면서 영조는 1755년영조 31 6월 2일 도승지 정홍순鄭弘淳에게 명하여 이증의 집에 봉안되어 있던 인빈 김씨의 신주를 송현궁으로 옮기게 하였다. 곧이어 신하들을 불러 모아 1753년영조 29 숙빈 최씨를 추숭한 예에 따라 인빈 김씨를 모시고자 하는 뜻을 밝혔다. 궁원제를 적용하여 사우의 궁호宮號는 '저경儲慶', 묘소의 원호園號는 '순강順康'이라 하였으며 시호를 '경혜敬惠'로 정하였다. 이렇게 시호를 올리고 궁원 및 책인을 조성할 전담 기구인 상시봉원도감上諡封園都監을 임시로 설치하여 좌의정 김상로金尙魯를 도제조都提調로 삼았다.[58]

1755년영조 31 6월 3일 죽책문을 짓는 제술관製述官으로 행판중추부사行判中樞府事 유척기兪拓基와 예차인 영돈녕부사領敦寧府事 이천보李天輔를 임명하였다. 글을 정서하는 서사관書寫官은 겸이조판서兼吏曹判書 신만申晩, 예차는 행부사직行副司直 홍계희洪啓禧였다.[59] 머지않아 제술관 유척기가 변려문騈儷文을 익히지 못하였다는 이유로 죽책문 제술을 사양했는데[60], 실제 그는 전서篆書 등 금석문의 권위자이지 문장가는 아니어서 예차인 이천보가 죽책의 제술을 맡게 되었다.[61]

보인의 재현 모습 | 국립고궁박물관

6월 14일에 이천보가 제술한 죽책문의 초도서草圖書를 임금에게 보인 후 죽책에 글씨를 새길 것을 허락받아 서사관 신만이 책문의 형식에 맞게 정서正書하였다.[62] 6월 21일 도감의 당상, 낭청과 봉책관捧冊官 이하가 흑단령黑團領을 갖추어 입고 완성된 죽책과 은인[冊印]을 받들어 창경궁 명정전明政殿으로 가 승지承旨에게 전해 봉안하였다. 같은 날 대궐에서 나올 때는 승지가 다시 상책인관上冊印官에게 책인을 전해주면 받들어 돈화문敦化門을 거쳐 본궁本宮으로 가서 중문中門 밖 임시 장막[幄次]에 안치하였다. 다음날 자시子時에 상시책인관上諡冊印官 이하는 흑단령을 갖추어 입고 책인을 봉과封裹하여 채여彩輿에 모시고 저경궁에 들어가 책인을 받들었다. 이를 상전尙傳에게 전해주어 의주儀註대로 예를 행하고 저경궁의 책장冊欌과 인장印藏에 안치하였다.[63]

책인을 올리는 의례가 끝난 후 영조는 명정전에 나아가 신하들을 거느려 인빈 김씨에게 시호를 올리고 사당과 원소를 봉한 일을 선포하고, 사형수를 제외한 잡범들의 죄를 사하여 풀어주었다.[64] 의례를 주관한 상시봉원도감의 관원과 장인에게는 업적에 따라 등급을 나누어 시상하고, 한 달 후 포상을 지급하였다. 총괄인 도제조 김상로에게 안구마鞍具馬 1필을 수여하고, 제조 홍봉한洪鳳漢·이정보李鼎輔·이철보李喆輔·도청 유한숙兪漢蕭은 모두 품계를 올려주었다. 그 외 장인들은 차등을 두어 베와 쌀을 지급하였다.[65]

인빈 김씨 추숭 의례의 주요 경과

| 연도 | 날짜 | 내용 |
|---|---|---|
| 1743년<br>(영조 19) | 6월 13일 | 영조가 인빈의 사우를 별도로 세우게 하다. |
| 1755년<br>(영조 31) | 6월 2일 | 인빈의 신주를 송현궁으로 옮기다.<br>궁호와 원호를 선포하고 상시봉원도감을 설치하다. |
| | 6월 3일 | 죽책문 제술관과 서사관을 선정하다. |
| | 6월 6일 | 제술관을 유척기에서 이천보로 교체하다. |
| | 6월 14일 | 서사관 신만이 죽책문을 정서하다. |
| | 6월 21일 | 완성된 죽책과 은인을 창경궁 명정전에 봉안하다. |
| | 6월 22일 | 죽책과 은인을 봉과하여 저경궁에 안치하다. |
| | 6월 23일 | 관원과 장인을 등급에 따라 시상하다. |
| | 7월 24일 | 관원과 장인에게 포상을 지급하다. |

## 인빈 김씨의 시호, '경혜敬惠'의 의미

조선 왕실의 추숭 의례에서 시호는 생전 인품을 반영하여 추숭 당시의 왕이 내렸다. 봉상시奉常寺에서 왕과 신하들이 시호를 평론하여 올렸는데 이를 시법諡法이라 했다. 시법은 시기에 따라 달랐는데 세종대에는 시법의 기준인 『사기史記』의 글자가 194자로 수가 적어 『의례儀禮』, 『경전통해속經傳通解續』, 『문헌통고文獻通考』 등 여러 서적을 참고하여 새로 107자를 올리게 했다.[66]

『영조실록』에는 인빈 김씨에게 내린 '경혜'라는 시호의 뜻이 언급된 기록이 남아있지 않으나, 시법에 따르면 밤낮으로 조심하여 섬기는[夙夜恭事] 것을 '경敬', 너그럽고 부드러우며 자비롭고 어진[寬裕慈仁] 것을 '혜惠'라 하였다.

| 글자 | 대상 (시호) | 관련 기록 |
|---|---|---|
| 경敬 | 숙종비 인경왕후<br>(인경仁敬) | "왕비의 시호諡號를 의논하여 인경仁敬이라 하였는데, 대개 시법諡法에 '인덕仁德을 베풀고 정의를 행하였으며 자나 깨나 항상 조심하고 가다듬는다.'는 뜻을 취한 것이다. …"<br>『숙종실록』 1680년숙종 6 11월 2일정사 |
| | 숙종 후궁 숙빈 최씨<br>(단경端敬) | "이른 아침부터 밤늦게까지 경계儆戒하는 것을 경敬이라 하니, 경자가 좋겠습니다. … 화和 자도 또한 좋겠습니다. …"<br>『영조실록』 1753년영조 29 6월 25일 |
| 혜惠 | 성종비 공혜왕후<br>(공혜恭惠) | "시호를 공혜恭惠라 하였으니, 공경하고 순하게 위를 섬기는 것이 공恭이고, 너그럽고 넉넉하고 자애하고 어진 것이 혜惠이다. …"<br>『문종실록』 1450년문종 즉위년 6월 5일 |

# 3 저경궁儲慶宮과 순강원順康園

## 인빈 김씨의 사당, 저경궁

저경궁은 인빈 김씨의 신주와 죽책을 모시던 사당으로, 오늘날 남대문로 한국은행 자리에 있었다. 추존왕 원종과 제16대 왕 인조가 왕위에 오르기 전 살던 잠저潛邸로 본래 이름은 송현궁松峴宮이다. 1755년영조 31 인빈 김씨에게 시호를 올리고, 이곳에 신주를 모시면서 저경궁儲慶宮으로 승격되었다. 1870년고종 7 인빈 김씨, 영빈 김씨寧嬪金氏, 화빈 윤씨和嬪尹氏의 사우를 계동桂洞에 있던 경우궁景祐宮 내 별묘에 합하였다.[67] 1886년고종 23 경우궁을 옥인동으로 옮기면서 인빈 김씨의 사당인 저경궁 정전도 이동하였고 다시 1908년순종 2 7월 궁정동

저경궁 전경

저경궁 내부

인빈 김씨 신주·신탑·신의

에 위치한 육상궁 내로 옮겨 배치하였다. 숙빈 최씨의 사당이던 육상궁에 나머지 후궁 6명의 신주와 사당이 옮겨져 명칭이 칠궁七宮으로 바뀌고 1966년 사적 제149호로 지정되면서 현재 문화재청에서 관리하고 있다.[68] 저경궁은 정면 3칸, 측면 3칸의 장방형 단층 맞배지붕 건물로 칠궁 내에서 가장 서쪽에 위치한다.[69] 옛 저경궁의 여러 부속 건물은 1927년까지 남아 있다가 경성치과의학전문학교 현재 서울대학교 치과대학를 건축하면서 철거되었다. 오늘날은 하마비下馬碑만 남아있다.

현존하는 저경궁은 1755년 영조에 의해 영건된 건물이며 당시 내부에 안치될 의물儀物도 제작되었는데, 이는 상시봉원도감의 묘우조성소廟宇造成所에서 담당했다. 중앙에는 신주를 모신 신주장神主欌을 놓고 서쪽에 죽책을 보관하는 책장冊欌, 동쪽에 은인을 보관하는 보장寶欌을 남향으로 설치했다. 신주 앞쪽에 신탑神榻*이 위치했으며 그 위에 신의神倚가 놓여 신주를 받쳤다. 사당 내 안치되었던 일부 의물의 도설이 『경혜인빈상시봉원도감의궤』와 『저경궁순강원식례儲慶宮順康園式例』에 실려있어 모습을 확인할 수 있다. 현재 칠궁 내 저경궁에는 신주장과 신주, 신탑, 신의 및 관지통 등이 남아있다.

| | 『경혜인빈상시봉원도감의궤』 | 『저경궁순강원식례』 |
|---|---|---|
| 신주장<br>神主欌 |  | |
| 신탑<br>神榻 |  | 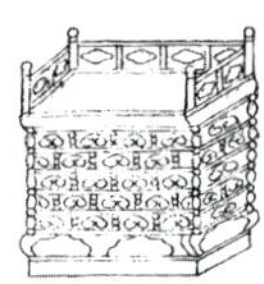 |
| 신의<br>神倚 |  |  |

* 신탑(神榻) : 제향을 올릴 때 신주를 모셔 안치하는 상(床)

## 『저경궁순강원식례』에 기록된 저경궁 의물과 제기

### 저경궁 의물

신탑神榻, 의자倚子, 죽책竹冊, 은인銀印, 청개靑蓋 1쌍, 운선雲扇 1쌍, 관지통灌地筒, 신의神倚, 주렴朱簾, 홍주갑장紅紬甲帳

### 저경궁 제기祭器

희준犧尊 2좌坐, 상준象尊 2좌, 저준著尊 2좌, 호준壺尊 2좌, 산뢰山罍 2좌, 작爵 3좌, 점坫 3좌, 용작龍勺 6개, 어음복작御飮福爵 1좌, 섭음복작攝飮福爵 1좌, 조이鳥彝 1좌, 계이鷄彝 1좌, 황이黃彝 1좌, 가이斝彝 1좌, 용찬龍瓚 1좌, 죽비竹篚 1부, 산자기散子器 4좌, 실과기實果器 4좌, 약과기藥果器 4좌, 적접炙楪 3좌, 은숟가락[銀匙] 1, 은젓가락[銀筯] 1면面, 은시접銀匙楪 1좌, 촉대燭臺 2좌, 향로香爐 1좌, 향합香盒 1좌, 전촉기剪燭器 1, 유서진鍮書鎭 2개, 축상祝床 1, 축판祝板 1, 어이御匜 1좌, 어선御鐥 1좌, 휘건접揮巾楪 1좌, 아이亞匜 1좌, 아선亞鐥 1좌 등

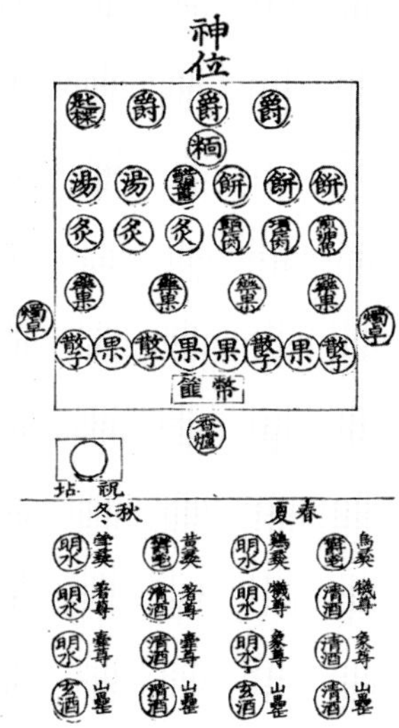


저경궁 제기 배치

## 인빈 김씨의 묘소, 순강원

순강원順康園은 인빈 김씨의 무덤으로, 오늘날 경기도 남양주시 진접읍 내각리 일대에 있다. 1613년광해 5 인빈 김씨가 세상을 떠났을 때 처음으로 묘소를 조성하였고 인조 즉위 이후인 1636년인조 14에 신도비神道碑를 세웠다. 1755년영조 31 인빈 김씨에게 시호를 올리는 과정에서 묘소를 순강원으로 승격하고 현재의 모습으로 단장하였다. 봉분과 주변 석물, 건축물의 조성은 상시봉원도감의 원소조성소園所造成所, 부석소浮石所, 보토소補土所 등에서 담당했다.

순강원은 진입 공간을 따라 각종 건축물이 건립된 구역과 봉분 및 주변 석물이 놓인 구역으로 나눌 수 있다. 먼저 건축물의 배치를 살펴보면 원침園寢과 홍살문의 일직선상에 제사를 모시는 건물인 정면 3칸, 측면 2칸의 정자각丁字閣이 자리한다. 정자각의 동쪽으로 묘비를 모시는 정면 1칸, 측면 1칸의 비각碑閣이 위치한다. 원을 관리하는 원지기가 사용하던 수복방守僕房과 제

순강원 전경 | 문화재청

순강원 원침

향음식을 준비하는 수라간水刺間은 멸실되어 유구만 남아있다. 홍살문 밖, 정자각에서 동남쪽으로 떨어진 곳에 제사의 전반적인 준비를 하던 재실과 신도비를 모신 정면 3칸, 측면 2칸의 신도비각神道碑閣이 있다.[70]

순강원 내 건축물

정자각

비각

신어로

홍살문

재실 | 문화재청

신도비각

정자각 등 건축물이 위치한 공간 안으로 들어가면 무덤과 각종 석물이 놓여있다. 원침은 주변을 둥근 담장曲墻*으로 둘렀으며 무덤의 아랫부분은 둘레석으로 감쌌다. 주변에 놓인 석물은 봉분을 지키는 벽사의 의미로 놓은 석양石羊, 석호石虎, 석마石馬, 문인석文人石, 동자석童子石 등이 한 쌍씩 배치되었고, 봉분 전면에는 제향을 지내기 위한 상석床石과 이를 받치는 고석鼓石, 그 앞에 배치된 향로석香爐石1기, 불을 밝히는 장명등長明燈1기, 망주석望柱石 1쌍이 있다. 봉분과 상석 사이에는 '유명조선국경혜인빈순강원有明朝鮮國敬惠仁嬪順康園'의 글씨가 새겨진 비석이 자리하는데 이는 1755년영조 31 인빈 김씨의 추숭 당시 영조가 직접 쓴 글씨이다.[71]

봉분 주변의 석물

석양

석호

석마

문인석

동자석

상석과 향로석

장명등

망주석

비석(원표석)

* 곡장(曲墻) : 능이나 원 등 무덤의 주위로 둥글게 쌓은 담.

## 『저경궁순강원식례』에 기록된 순강원 의물과 제기

### 순강원 의물

정자각丁字閣 : 평상平床, 욕褥, 상건床巾

원상園上 : 혼유석魂遊石, 상석床石, 향로석香爐石, 향동자석香童子石 1쌍, 망주석望柱石 1쌍, 석인石人 1쌍, 마석馬石 1쌍, 양석羊石 1쌍, 호석虎石 1쌍, 장명등長明燈, 전석奠石, 분축석焚祝石, 망료석望燎石, 갈석碣石, 신도비神道碑, 표석表石, 홍살문紅箭門, 제정祭井

### 순강원 제기祭器

산뢰山罍 3좌, 작爵 3좌, 점坫 3좌, 용작龍勺 3개, 약과기藥果器 4좌, 실과기實果器 4좌, 적접炙楪 1좌, 은숟가락[銀匙] 1, 은젓가락[銀筯] 1면面, 시접匙楪 1좌, 촉대燭臺 2좌, 향로香爐 1좌, 향합香盒 1좌, 전촉기剪燭器 1, 축상祝床 1, 축판祝板 1, 유서진鍮書鎭 2개, 어이御匜 1좌, 어선御鐥 1좌, 휘건접揮巾楪 1좌 등

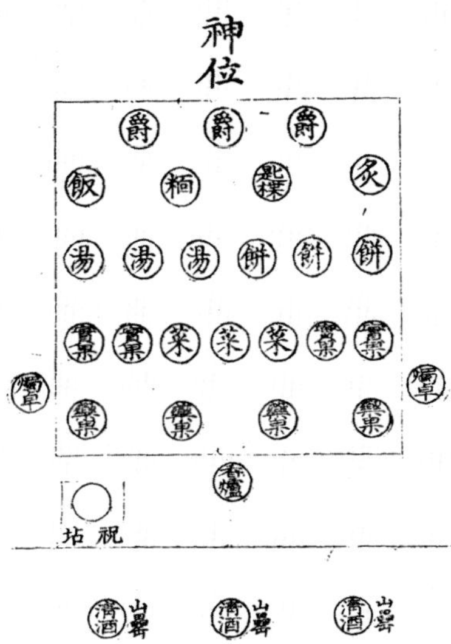


순강원 제기 배치

# 조선후기 사친 추숭의 상징적 의미

**이 욱** | 한국학중앙연구원 왕실문헌연구실

1.

1755년영조 31 영조는 인빈 김씨仁嬪金氏(1555~1613)의 사당과 묘소를 저경궁儲慶宮과 순강원順康園으로 승격시키고 '경혜敬惠'라는 시호를 올렸다. 인빈은 1555년명종 10 감찰 김한우와 전주 이씨의 사이에서 태어나 14세에 선조의 후궁이 되었다. 네 명의 왕자를 낳았으나 첫째와 둘째는 일찍 죽고 셋째 정원군定遠君과 넷째 의창군義昌君이 장성하였다. 정원군의 아들인 능양군綾陽君이 인조반정으로 즉위한 후 이에 인빈은 왕의 사친私親으로 높여졌다. 비록 추존왕이지만 인조로 이어지는 원종의 계보는 조선 후기 왕실의 중심이 되었으므로 선조에서 원종에게로 갈래를 내어준 인빈의 역할 또한 적지 않다. 그럼에도 그녀는 '후궁'이라는 지위를 벗어나지 못하였다. 결코 조선 왕실의 종묘에 들어가지 못한 것이다. 그러나 사후 140여 년이 지난 후 '저경궁'이란 새로운 사당을 얻었고, 묘墓는 원園으로 승격되었다. 이는 2년 전인 1753년영조 29에 조성된 숙빈 최씨의 육상궁毓祥宮과 소령원昭寧園을 잇는 두 번째 궁원宮園이었다. 이후 궁원은 왕이나 왕세자를 낳은 사친의 추숭 제도로 확립되었다. 이 글은 영조대 저경궁과 육상궁을 중심으로 궁원제가 지닌 의미를 고찰하고자 한다.

2.

조선사회는 종법제를 근간으로 하였다. 이는 왕실을 비롯한 가계家係가 적장자嫡長子를 통해서 종통宗統을 이어가는 사회 제도이다. 적처嫡妻의 장손을 가리키는 적장자는 처첩제妻妾制를 전제로 한 표현이다. 처첩제는 한 명의 남자가 한 명의 처 외에도 다수의 첩을 둘 수 있는 제도이다. 일부다처제와 달리 한 명의 처만이 남편의 배우자로 인정받으며 나머지 여성은 첩으로 간주되어 부부의 지위를 온전히 누릴 수 없었다. 이러한 처첩의 불평등은 자식에게도 이어져 적자嫡子와 서자庶子로 구분되었다. 적자 중 장자를 중심으로 부권父權이 계승되는 제도가 종법제였다. 조선 왕실의 왕권 역시 이러한 종법제를 근간으로 계승되었다.

왕조 국가에서 국왕과 왕비 사이에 왕자가 태어나 장성하여 그 아비의 왕위를 계승한다면 왕위 계승에 따른 갈등은 적을 것이다. 여러 자식이 있다면 장자에게 우선권을 주어 그 갈등을 최소화할 수 있다. 그러나 왕비가 왕자를 낳지 못하면 후궁에게서 난 왕자가 왕위를 계승할 수밖에 없었다. 이때 자식이 없는 왕후를 폐하고 왕자를 낳은 후궁을 왕후로 맞이하는 것이 아니라 후궁의 자식이 아버지인 국왕과 그의 정비正妃를 부모로 섬기면서 왕위를 계승하였다. 이것은 자식의 유무와 관계없이 아내의 자리를 지켜주는 것이다. 그러나 아버지의 지위를 계승한 아들은 자신을 낳아준 어머니를 어머니라 부르지 못하는 모순된 상황에 처하게 된다. 자식을 낳은 어머니 역시 마찬가지이다. 종통과 혈통의 불일치가 빚어낸 고통이었다. 이러한 사회적 문제를 유교 예학에서는 예법禮法과 정리情理로 설명하였다. 대개는 예법을 손상시키지 않으면서 부모에 대한 감정을 사적으로 풀어나가도록 하였다.

## 3.

조선 후기 왕들 중에서 선조, 광해군, 인조, 경종, 영조, 정조, 순조 등은 적장자의 계승과 거리가 있었다. 그러므로 그들에게는 모두 자신을 낳아준 생모를 어떻게 대우할 것인가라는 고민을 하였다. 선조, 인조, 정조는 후궁의 자식이 아니지만 그들의 할머니가 후궁이었고 그들의 부친이 왕이 아니었다. 그러므로 2대의 추숭이 과제였다. 부모를 높이는 최고 방법은 후궁인 어머니를 비妃의 자리로 올리는 것이었다. 광해군은 생모인 공빈恭嬪 김씨를 왕비로 추숭하고 그 신위를 종묘에 봉안하기까지 하였다. 그러나 자신의 폐위와 함께 추숭의 흔적도 사라졌다. 경종의 생모인 희빈 장씨는 살아서 왕비까지 올랐으나 무고巫蠱로 인하여 폐위되고 사사되는 화를 당하였다. 이후 숙종은 후궁이 왕비로 나아가는 것을 금지했다. 이런 상황에서 왕위에 오른 경종은 생모를 위해 '빈'의 작위를 회복하는 것으로 만족하였다.

숙종과 숙빈淑嬪 최씨 사이에 태어난 영조는 여러 가지 난관을 극복하고 경종의 뒤를 이어 왕위에 올랐다. 영조는 자신의 생모를 높이는 사업을 오랜 시간을 두고 천천히 시행하였다. 그 주요 사업을 세 가지로 제시할 수 있다. 첫째는 생모 제사를 국가 전례典禮로 편입시키는 것이었으며, 둘째는 시호를 올리는 것이었다. 그리고 마지막 셋째는 어머니와 자식 간의 호칭을 회복시키는 것이었다.

영조는 사친 추숭을 위하여 궁원宮園이란 제향 공간을 새로 마련하였다. 이것은 1753년에 육상궁과 소령원을 정식화하면서 시작되었다. 그리고 1755년에는 인빈 김씨의 사당을 저경궁이라 칭하고 그 무덤을 순강원이라 하였다. 조선시대 궁宮의 용례는 다양하였다. 먼저 궁궐이나 행궁, 그리고 본궁本宮과 같이 왕이 거주하거나 머물렀던 곳을 궁이라고 불렀다. 두 번째는 전殿과 대비되어 계급적인 건축물을 가리킬 때 사용되었다. 일반적으로 왕이나 왕후를 위한 건물을 '전'이라 하였다면 그보다 아래인 세자, 세자빈, 후궁이 거처하는 곳을 궁이라 불렀다. 자수궁慈壽宮, 수성궁壽城宮, 영수궁寧壽宮 등은 승하한 국왕의 후궁을 위해 만든 궁궐 밖 거처였다. 이러한 공간은 산 사람의 공간이지만 망자에게도 동일하게 적용되었다. 영녕전, 문소전, 경기전, 선원전 등이 왕의 신주나 어진을 모시고 제향을 지내던 공간이었다면 소현궁昭顯宮, 효장궁孝章宮 등은 왕세자의 사당이었다. 이렇게 궁은 산 자와 죽은 자 구별없이 사용되었던 처소 개념이라면 묘廟는 사당을 가리키는 용어였다. 육상궁도 애초 육상묘로 불렸으나 영조가 궁으로 고쳤다. 이후 궁은 국왕이나 왕세자의 생모 또는 생부로써 종묘에 들어가진 못한 자를 위한 사당을 지칭하였다. 반면 묘는 의소묘나 문희묘와 같이 왕세자와 왕세손의 사당을 가리키는 것으로 구별되었다.

이러한 궁원宮園은 사묘私廟를 국가의 공적인 사당으로 전환시킨 데에 그 의의가 있다. 후궁의 자식으로 왕통을 계승하는 경우 그가 장남이라도 어머니의 제사를 받을 수 없었다. 왕통의 계승자가 사인私人을 제사지낼 수 없었기 때문이다. 그리하여 별도의 봉사손奉祀孫을 정하여 제사를 맡기는 것이 관례였다. 인빈의 제사는 애초 정원군이 맡았고, 정원군이 죽은 후에는 그의 아들 능원군이 계승하였다. 그러나 인조가 왕이 되고, 차후 능원군마저도 왕으로 추숭됨으로써 인빈만 사당에 남게 되었다. 이에 나라에서 봉사손을 세우고 제물을 관에서 지급하였다. 그러나 봉사손의 제사 주관이 순탄하진 않았다. 봉사손 역시 당시 정치적 상황에서 역모와 연관되어 생명을 보존하지 못하는 경우가 많았기 때문이다. 1680년숙종 6 당시 인빈의 봉사손이었던 복창군福昌君 이정李楨이 역모와 관련되어 주살誅殺되었다.[01] 이에 인빈의 제사는 숭선군崇善君 이징李澂에게로 넘어갔다.[02] 숭선군은 인조와 귀인 조씨 사이에서 난 왕자였다. 이후 인빈의 제사는 다시 이정의 양자인 의원군義原君 이혁李爀에게로 넘어갔다가[03] 1701년숙종 27 이후에는 낙선군樂善君 이숙李潚의 후손이 맡았다.[04] 영조대에 인빈의 제사는 여천군驪川君 이증李增이 주관하였다. 그러나 1749년영조 25에 여천군 역시 역모와 연관되어 제주도에 유배가서 죽었다. 이후 1755년에 영조는 인빈의 신위를 송현궁松峴宮으로 옮겼다.[05] 송현궁은 인조가 임금이 되기 전에 살았던 본궁이었다. 영조가 인빈의 사당을 송현궁으로 옮긴 것은 별도의 봉사손에게 제사를 맡기지 않겠다는 뜻이었다. 이는 축책문에 "제향祭享은 사가私家에서 대신 올리고 있으니, 길이 사모하는 마음을 어찌 이루다 말할 수 있겠습니까. 의식이 여러 선대에 미처 갖추어지지 못하였으니, 이제라도 보답하는 도리가 있어야겠습니다.[香火替奉於私第, 曷勝永慕之懷. 儀文未遑於列朝, 宜有追報之道.]."라는 한탄과 다짐으로 잘 나타난다.[06] 이로 인하여 인빈의 제사는 사적인 제사가 아니라 국가의 공인 제사가 되었다. 이는 국왕의 이름으로 제사를 올린다는 것을 의미하였다.

## 4.

시호는 생시의 공로와 자취를 표상한 이름이다. 이는 누구나 지을 수 있고 받을 수 있는 이름이 아니라 국가가 공론에 기초하여 수여하는 공적인 이름이라는 데에 그 의미가 있다. 돌아가신 부모를 위한 최고의 효도 중 하나가 그 공적을 나라에 알려 시호를 받게 하는 것이었다. 부모의 공덕을 후대에 길이 남기는 일이기 때문이다. 왕실에서는 왕과 왕후가 승하하면 중국에서 받는 시호와 별도로 그 공덕을 칭송하고 후세에 남기기 위해서 시호를 올렸다. 왕세자와 왕세자빈이 죽었을 때에도 시호를 내렸다. 그러나 후궁에게는 시호가 주어지지 않았다. 그들의 공

---

01 이정(李楨, ?~1680) : 인평대군의 둘째 아들로 의창군(義昌君)에 입계되어 인빈의 제사를 맡았다. 1680년 경신대출척 때에는 남인 허견(許堅) 등의 추대를 받아 역모를 한다는 무고를 받고, 복선군(福善君)·복평군(福平君)의 두 아우와 함께 삼복(三福)이 역모죄로 유배, 사사되었다. (『민족문화대백과사전』, 「이정」).

02 『숙종실록』 숙종 9년 6월 20일(신묘).

03 『숙종실록』 숙종 20년 3월 26일(갑자).

04 『승정원일기』 숙종 27년 11월 9일(임진).

05 『영조실록』 영조 31년 6월 2일(갑진).

06 축책문은 영돈녕부사 이천보가 지었다.(『영조실록』 영조 31년 6월 22일(갑자))

로는 대개 작호爵號를 통해서 나타내었을 뿐이다. 한 나라의 왕을 낳은 어머니의 공로를 외면할 수 있을까? 자녀의 출산을 사회의 공적인 공로로 인정할 수 있을까? 역대 왕조의 추존왕이 결국은 왕을 부모라는 혈연적 연대에 기초한 것이었다. 문묘에도 성인을 낳은 부모를 별도로 계성사啓聖祠에 모셨다. 이러한 예에도 불구하고 왕의 생모는 후궁이란 지위 때문에 출산과 양육의 공로를 제대로 인정받지 못하였다.

> "내가 그날 밤에 누워 잠을 이루지 못하였다. 홀연히 생각하니 내가 16자나 되는 존호를 받았고, 곤전坤殿(인원왕후)께서도 두 차례나 받았는데 사친私親에만 유독 시호가 없으니 내 마음이 불안하였다. 또 생각하니 현빈賢嬪[07]도 오히려 '효순孝純'이란 시호가 있으며, 신하들도 그 부조父祖를 위한 연시延諡[08]를 거행한다. 지금 2자의 시호는 이 때문에 생각한 것이다."[09]

영조는 자신이 존호를 받을 때나 대비에게 존호를 올릴 때마다 그의 생모를 생각하지 않을 수 없었다. 그리고 왕세자빈으로 사망한 경우에도 시호를 내리고, 일반 신하들도 부모의 시호를 받기 위해 노력하는 당시 풍토를 지적하며 자신의 생모에게는 시호를 주장하였다. 이러한 그의 주장에 신하들도 동의하였다. 그러나 시호를 둘러싼 갈등은 이후에 극적으로 표출되었다.

시호를 올리는 것은 이름을 짓는 것으로 끝나지 않았다. 시호를 정하면 나라에서 교지敎旨로서 그 사실을 증명하였다. 반면 왕실에서는 시호는 인印과 책冊을 통해서 구체화되고 전달되었다. 인은 시호를 새긴 도장이고, 책은 그 시호의 의미와 제작 배경을 설명하고 공로를 칭송하는 글을 고대 책 형태로 만들어 옥이나 대나무에 새긴 것을 말한다. 영조는 생모에게 올릴 책인을 은과 대나무로 만들고자 하였다. 왕비에게 올리는 금보金寶와 옥책玉冊보다 등급을 낮춘 것이었다. 그리고 죽책문을 대제학 조관빈趙觀彬에게 짓도록 명하였다. 하지만 조관빈은 승통한 비빈妃嬪에게만 책인을 올릴 수 있다며 제술을 거부하였다. 즉, 숙빈은 승통한 비빈이 아니므로 죽책문을 지어 바칠 수 없다는 주장이었다. 영조는 이에 크게 화를 내며 그를 삼수부三水府에 유배를 보내고 이천보李天輔에게 다시 짓게 하였다. 결국 이천보를 통해서 숙빈의 공덕은 현창되었다. 이는 새로운 예식의 시작이었다. 시호를 정하고 은인과 죽책에 새기는 존숭의 절차는 인빈에게도 똑같이 시행되었다. 왕을 낳은 생모의 삶이 사적인 영역에서 벗어나 공적인 자리로 나아간 것이었다.

## 5.

『궁원식례宮園式例』에 의하면 육상궁과 저경궁의 정기제향으로 시제時祭와 절사節祀가 있었다. 시제는 사시제四時祭를 의미하는데 제향일이 춘분, 하지, 추분, 동지인 것이 독특하다. 사계절 첫 달에 거행하는 종묘 제향과 겹치지 않고 택일하는 절차를 생략하여 간소화시킨 것이다. 이러한 제향을 거행할 때 영조가 가장 많은 신경을 쓴 부분이 축식祝式이었다. 축식은 제사 대상에게 아뢰는 축문의 형식을 규정한 것인데 주제자主祭者와 제사 대상에 대한 칭호가 중요하였다. 저경궁의 시제 축식에서 영조는 자신을 '증손국왕曾孫國王 휘諱'로 표현하였고, 인빈김씨를 '선비경혜인빈김씨先妣敬惠仁嬪金氏'라고 하였다. 여기서 국왕이 제사의 주관자임을 명확히 볼 수 있다. 그런데 종묘에 모셔진 왕비에게 올리는 것이라면 영조는 자신을 '효증손국왕孝曾孫國王 휘諱'라고 했을 것이다. 둘의 차이는 '효孝'자의 유무에 있다. 당시 민간에서도 부모에 대한 제사의 축식에 '효자孝子'라는 단어는 장자에게만 허용되었다. 그나마 '증손'이라는 단어를 포함시킨 것이 이전 육상궁의 축식보다 나아진 것이었다. 아울러 인빈 앞에 '선비'의 호칭을 사용한 것 역시 이전과 달라진 것이었다.

1753년영조 29 6월 육상궁 제향의 축식을 정할 때에 영조는 자신을 '국왕 휘'로 표현하였고, 인빈 김씨를 '사친화경숙빈최씨私親和敬淑嬪崔氏'라고 하였다. 여기에서는 '증손' 같이 친속 관계를 나타내는 단어가 없다. 그리고 숙빈에게 '선비先妣'가 아닌 '사친私親'이라 하였다. 조선시대 일반적으로 죽은 부모를 칭할 때에는 '고비考妣'라 하였다. 영조는 자신의 생모에게 '비妣'라는 칭호를 사용하고자 했다.

---

07 현빈(賢嬪, 1715-1751) : 효장세자의 부인이다. 1727년(영조 3) 세자빈에 간택되어 효장세자와 가례(嘉禮)를 올렸으나 1728년(영조 4)에 효장세자가 사망하였다. 1735년(영조 11) 현빈(賢嬪)에 봉하여졌다. 1751년(영조 27)에 사망한 후 '효순(孝純)'이란 시호를 받았다. 정조가 즉위한 후 효장세자를 왕으로 추존함에 따라 그녀도 왕후로 추존되었다.

08 연시(延諡) : 시호를 맞이하는 의식이다. 조상의 공적을 관에 알리고 시호를 청하면 조정에서 이를 검토한 후 시호를 내리는 데 이를 맞이하여 조상의 사당에 아뢰었다.

09 『승정원일기』 영조 29년 6월 27일(신해), "予其日夜臥無寐, 忽然思之, 予旣受十六字尊號, 坤殿亦受二次, 而私親則獨無諡, 於心不安, 又思之, 賢嬪尙有孝純字, 臣下亦有爲其父祖延諡之擧. 今番二字諡號, 因此思得矣."

그러나 비는 아비 '고考'와 상대되는 것이므로 부친의 정실부인에게만 허용된다는 주장으로 인하여 사용하지 못하였다. 이를 대신한 사친이란 표현은 영조에게 슬픈 칭호였다.

저경궁의 축식을 정할 때 영조는 『주례』의 예를 인용하여 '선비'라는 용어를 사용하였다. 『주례』에는 "소려小呂를 노래하며, 대호大濩로 춤을 추어서 선비先妣를 제사지낸다."라는 구절이 있는데 정현鄭玄은 여기서 선비를 강원姜嫄으로 보았다. 강원은 주나라 시조 후직后稷을 낳은 어머니이다. 시조의 어머니를 종묘가 아닌 별도의 사당에 모시는 것은 그녀가 정실 부인이 아니었을 가능성을 보여주었다. 그리고 '선비先妣'라는 용어가 정실과 관계없이 통용되었음을 알 수 있다. 이러한 근거에 의지하여 저경궁을 '선비'라 칭하였다. 비록 고와 함께 사용할 수 없었지만 '비妣'의 용어로써 사친私親의 표현을 지우고자 하였다.[10]

## 6.

조선시대 자신의 부모를 높이는 것은 효행 중 가장 중요하고도 가치 있는 일이었다. 당시 정치적 상황에 본다면 이는 왕권의 존숭과 직간접으로 연결된 것이었다. 명문 사족 출신인 신하들과 매일매일 맞대고 정국을 운영하는 국왕의 입장에서 후궁의 자식이란 출신 배경은 큰 약점이었다. 영조는 부정할 수도 없는 이 사실을 외면하지 않고 드러내어 높여 나갔다.

효의 실천이 곧바로 사회적 정당성을 확보해주진 않는다. 과도한 효는 타인의 권리를 침해할 수 있다. 생모에 대한 지나친 추숭은 무엇보다도 종법제의 근간을 허물 수 있다. 비록 적장자 중심의 종법제에서 발생한 문제이지만 이를 부정하는 것은 그를 받치고 있는 왕조의 기반을 무너뜨릴 것이다. 그러므로 영조는 종묘

---

10 숙빈 최씨에 대한 축식의 변화는 다음과 같다.

| 연월 | 자칭 | 숙빈 | 출처 |
|---|---|---|---|
| 1744(영조20).3 | 國王 諱 | 某嬪首陽某氏 | 『승정원일기』 영조 20년 3월 12일 |
| 1753(영조29).6 | 國王 諱 | 私親和敬淑嬪崔氏 | 『육상궁소녕원궁원식례』(K2-2474) |
| 1753(영조29).10 | 國王 諱 | 先慈親和敬淑嬪崔氏 | 『궁원식례보편』(K2-2427) |
| 1756(영조32).1 | 子國王 諱 | 先妣和敬徽德淑嬪崔氏 | 『육상궁소녕궁식례』(K2-2477) |

11 『예기』『內則』, "聘則爲妻, 奔則爲妾".

의 질서를 보존하면서 변례를 만들어 상황을 바꾸어나갔다.

처와 첩을 가르는 주요 기준이 예의 유무였다. 육례六禮의 예를 행하여 맞이하는 것이 부인이라면 부부의 예 없이 들어온 것이 첩이었다.[11] 예가 없음은 그가 사회적 존재로 자립할 수 없음을 말한다. 가족 내에서도 사회에서도 마찬가지였다. 그러나 조선 후기 그들의 존재는 부정하기 어려웠다. 왕실의 계승에서 그들의 역할은 일시적인 것이 아니었다. 이제 그들은 궁호를 통해 사회적 지위를 얻고, 시호를 받음으로써 왕을 낳은 공로를 인정받았다. 이는 죽책과 은인을 통해서 구체화되었다. 비록 옥책과 금보보다 낮은 자리이지만 왕통을 이어주는 매개자임을 보여준 것이다.

## 참고문헌

『육상궁소녕원궁원식례』, 한국학중앙연구원 장서각 소장, K2-2474.

『궁원식례보편』, 한국학중앙연구원 장서각 소장, K2-2427.

『육상궁소녕궁식례』, 한국학중앙연구원 장서각 소장, K2-2477.

『궁원식례(저경궁·순강원)』, 한국학중앙연구원 장서각 소장, K2-2425.

임민혁, 「조선후기 영조의 孝悌 논리와 私親追崇」, 『조선시대사학보』 39, 조선시대사학회, 2006.

이현진, 「영·정조대 육상궁의 조성과 운영」, 『진단학보』 107, 진단학회, 2009.

정만조, 「영조대 사친추숭의 정치적 의미」, 『숙빈최씨자료집 3 의주, 식례』, 한국학중앙연구원, 2010.

# Ⅲ

# 〈경혜인빈 상시호 죽책〉 살펴보기

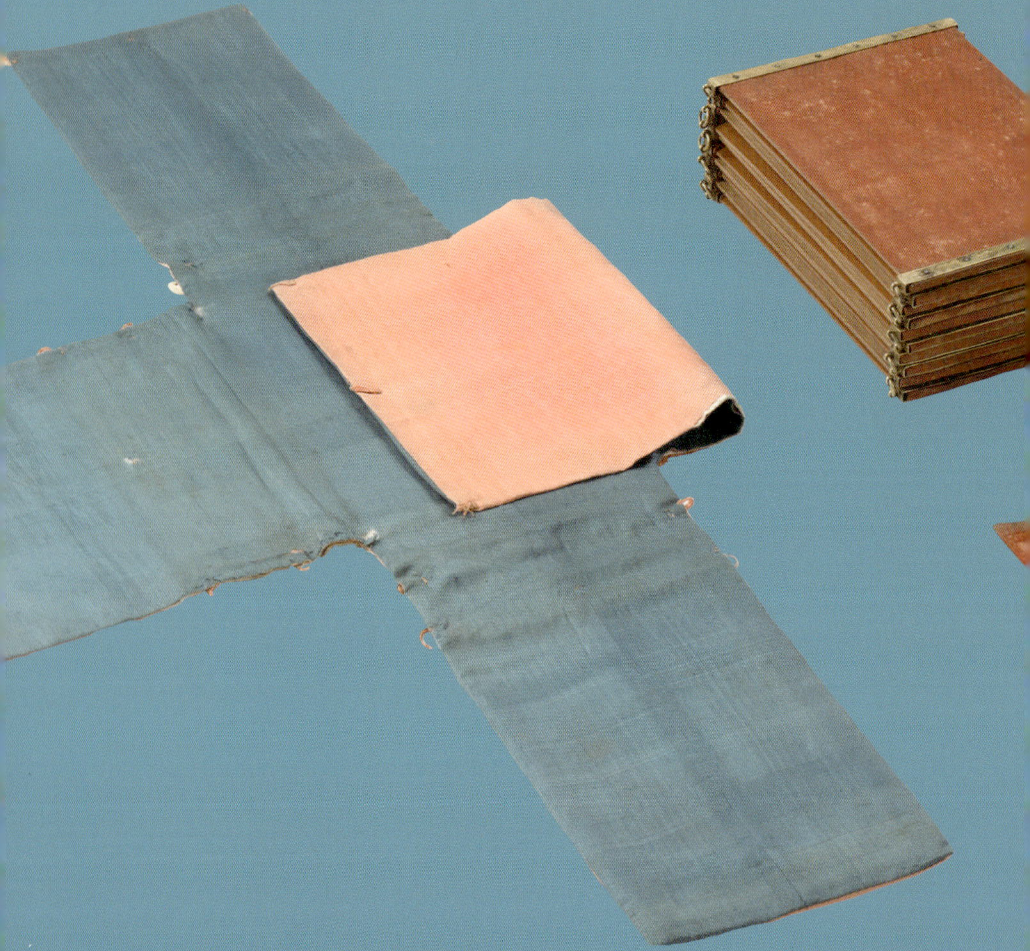

인빈 김씨에게 시호를 올린 죽책은
구성품 중 내함과 외궤가 분실되어
오늘날 죽책과 책갑, 격유보만이 전해진다.

죽책 유물을 통해 그 구성품의
구조와 양식, 내용 등을 살펴본다.

## 경혜인빈 상시호 죽책

敬惠仁嬪上諡號竹冊

대나무, 동銅에 도금, 비단 | 25×183cm

서울시 유형문화재

1755년영조 31 원종元宗의 어머니 인빈 김씨에게 '경혜敬惠'의 시호를 올리면서 제작한 죽책이다. 총 10첩으로 구성되어 있으며 현존하는 후궁 죽책 중 연대가 가장 오래되었다. 대나무의 매끈한 표면 처리, 조이질로 새긴 당초문, 각수의 우아한 새김, 화원이 메꾼 니금 등 왕실 경공장의 정교한 솜씨가 돋보인다.

# 어떻게 구성했을까?

1 죽책의 포장

2 구조와 명칭

# 1 죽책의 포장

죽책은 첩과 첩 사이마다 완충재 역할을 하는 솜보자기인 격유보隔襦袱를 끼워 넣고, 청홍색 명주 갑으로 사방을 상하-우좌로 접어 상아제 단추를 꿰고 비단으로 만든 끈[纓子] 2개를 겹쳐 십자 모양으로 묶은 다음 내함內函, 외궤外櫃에 차례로 넣어 보관한다. 함의 빈 공간은 풀솜[雪綿子]으로 채워 외부 충격을 완화하고 방충제 역할을 하는 의향衣香 한 봉지를 함께 넣어 뚜껑을 닫는다. 이와 같이 완성된 죽책을 함궤에 넣어 보관하는 포장 의례를 '봉과封裹'라고 한다. 봉과를 마친 죽책은 왕실의 권위와 관계된 귀중한 물품인 만큼 함부로 열어볼 수 없도록 철저하게 봉인하여 종묘나 사당의 책장 안에 안치하였다. 각종 의궤 기록을 토대로 정리한 죽책의 봉과 순서는 다음과 같다.[72]

죽책의 봉과 과정

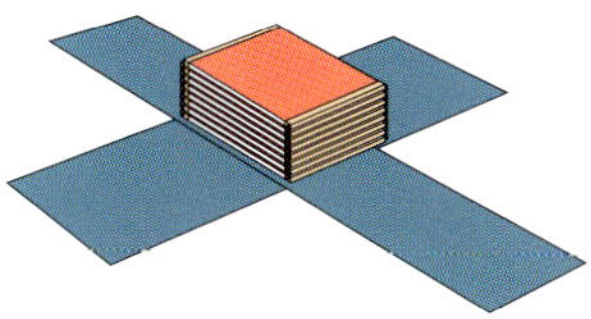

1
죽책 사이에 격유보를 끼워 접은 후 청홍색 명주 책갑 위에 올린다.

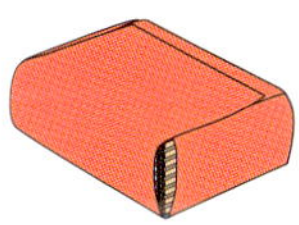

2
책갑의 상하 우좌를 접은 후 상아 단추를 채운다.

3
책갑으로 감싼 죽책을 보자기로 감싼 뒤 끈으로 묶어 고정한다.

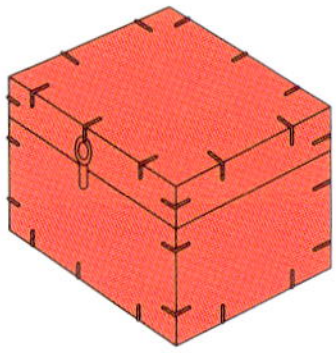

4

보자기로 감싼 축책을 주홍칠한 내함에 넣어 빈 공간을 풀솜으로 채우고 의향을 얹은 뒤 뚜껑을 닫는다.

5

내함을 다시 보자기로 감싼 후 끈으로 묶고 청색 명주로 만든 인거줄을 넣은 다음 외궤에 넣는다.

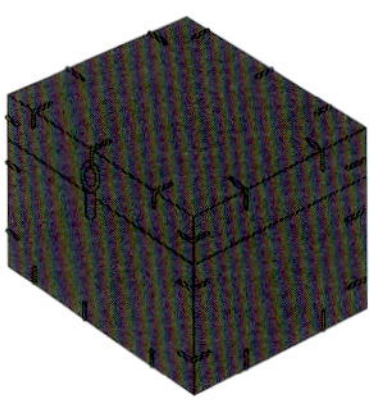

6

내함을 외궤에 넣고 남은 공간은 풀솜으로 채우고 그 위에 의향을 얹은 뒤 뚜껑을 닫는다.

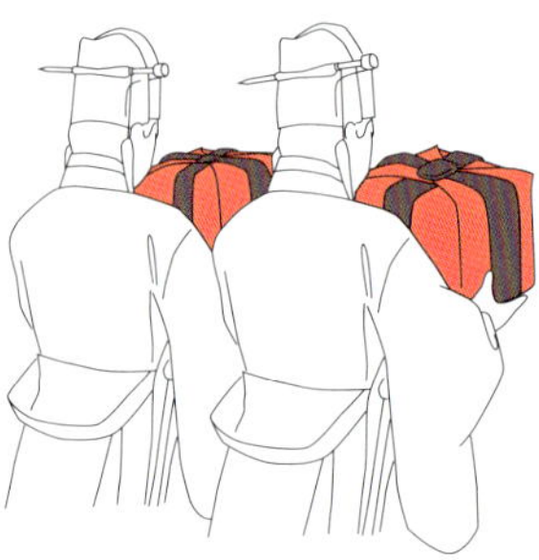

7

외궤를 보자기로 감싼 후 사당에 안치한다.

## 죽책의 포장 의례와 관련된 의궤 기록

**『경혜인빈상시봉원도감의궤』「책인조성소冊印造成所」**

**〈품목질稟目秩〉**

"… 죽책을 갑 안에 넣을 때는 상단을 아래로 접은 다음 하단을 위로 접고 단추를 채운다. 또 우단을 왼쪽으로 접고 나서 좌단을 오른쪽으로 접고 단추를 채운다. 모퉁이와 가운데도 단추로 채운다. …"[73]

**『정조국장도감의궤正祖國葬都監儀軌』「삼방의궤三房儀軌」**

**〈조작질造作秩〉 '책보봉과식'**

"… 처음에는 격유보를 첩 사이에 끼우고 다음에는 자문지咨文紙 표지로 처음과 마지막 첩의 위를 싸고 그 다음에는 자주색 사슴 가죽끈[紫的鹿皮纓子] 2줄로 상하를 층층이 묶어서 갑 안에 담는다. … 다음에는 이를 붉은 비단[紅綃]에 금박을 새긴 겹보자기[裌袱] 2건으로 다시 싸고, 다음에는 자주색 비단[紫的綃]으로 만든 끈 2건으로 상하로 층층이 묶어서 내함에 담고, 풀솜[雪綿子]으로 공간을 메우고 의향衣香 2봉을 그 위에 두고 그대로 덮어서 도금한 자물쇠로 잠근다. … 다음에는 붉은 비단 홑보자기[紅水紬單袱] 2건으로 다시 싸고 다음에는 자주색 비단 끈 2건으로 상하를 층층이 묶는다. 다음에는 청색 명주로 묶은 인거줄을 외궤에 담고 풀솜으로 공간을 메우고 의향 2봉을 그 위에 두고 그대로 덮는다. 납염 장식을 한 자물쇠로 잠그고 열쇠를 열쇠집에 담아서 자물쇠에 건 후에 저주지楮注紙 1조로 한 겹 봉한다. … 그 다음에는 붉은 비단 홑보자기[紅細紬單袱]로 싸고 보의 네 끝이 근봉지謹封紙 밖에 나오게 한다. 다음에는 표지를 근봉지 가운데에 꽂고 붉은 명주실[紅鄕絲] 세겹바 1거리로 상하로 차례로 묶는다. 그다음에는 푸른 명주[靑紬]로 묶은 인거줄을 배안상에 봉안한다. …"[74]

## 죽책의 구성

1755년영조 31 인빈 김씨의 추숭을 위해 제작된 죽책의 구성품으로 시죽책諡竹冊 1건, 격유보 9건, 책갑 1부, 금니金泥로 장식하고 왜주홍칠을 한 내함[畫金倭朱紅漆內函] 1부 및 보자기와 끈[纓子], 목화솜 등이 있다. 이들을 모두 담아 보관하는 검은 칠을 한 외궤[黑漆外樻] 1부는 이전에 배설하여 호조에 보관한 것을 그대로 사용했기에 추가로 제작하지 않았다. 현재 <경혜인빈 상시호 죽책>은 내함과 외궤가 소실되어 죽책과 격유보, 책갑만이 전해진다.

### 1) 죽책

대나무를 쪼개어 만든 죽간 6족을 연결하여 한 첩을 만들었으며 총 10첩으로 구성되었다. 첩의 위와 아래는 구리 바탕에 도금鍍金한 금속 장식을 달아 첩과 첩 사이를 연결하는 기능을 부여하고, 조이질로 문양을 새겨 장식성을 가미하였다. 죽간에는 인빈 김씨의 생전 업적을 기리고 추모하는 내용의 책문冊文을 음각陰刻하였다. 『경혜인빈상시봉원도감의궤』의 기록에 따르면 재료로 사용한 대나무[靑大竹]의 길이는 9치寸, 너비는 1치라 했으므로 한 첩의 너비는 6치, 죽책 열 첩을 합한 너비는 6자尺 내외이다. 유물의 실측 길이는 한 첩의 너비가 약 18cm, 열 첩 전체는 약 183cm이다.

『경혜인빈상시봉원도감의궤』「품목질」 시죽책 도설

〈경혜인빈 상시호 죽책〉 실물

## 『경혜인빈상시봉원도감의궤』에 기록된 죽책

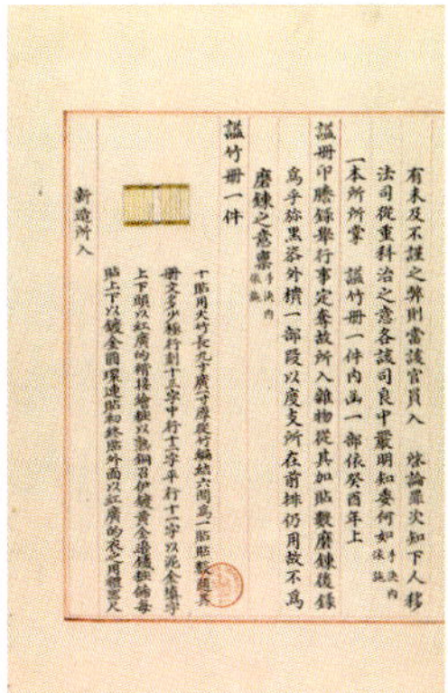
有未及不謹之弊則當該官員入 啓論罪次知下人移
法司從重科治之意各該司良中嚴明知委何如 手決 內 依啓
一本所所掌 謚竹冊一件內畫一部依癸酉年上
謚冊印賸餘舉行事定奪故所入雜物從其加貼數磨鍊後錄
爲乎弥黑漆外櫃一部段以度支所在前排仍用故不爲
磨鍊之意稟 手決 內 依啓
謚竹冊一件
十貼用大竹長九寸廣一寸厚從竹編結六間爲一貼貼數隨其
冊文多少極行刻十三字中行十二字平行十一字以泥金塡字
上下頭以紅廣的褙接繪粧以熟銅召伊鍍黃金邊鐵粧飾每
貼上下以鍍金圓環連貼初終貼外面以紅廣的衣之用禮器尺
新造所入

**시죽책**諡竹冊 **1건**件

10첩이다. 큰 대[靑大竹]를 쓴다. 길이는 9치寸, 너비는 1치이며, 두께는 죽편을 따른다. 6간間을 묶어 1첩으로 삼는다. 첩의 수량은 그 책문冊文의 다소에 따른다. 극항極行일 경우 13자를 새기고, 중항中行은 12자, 평항平行은 10자를 새긴다. 니금泥金으로 글자를 채운다. 상하의 머리는 붉은 광적廣的으로 배접한다. 회장繪粧은 숙동에 조이질[召伊]을 하고 황금으로 도금한 변철邊鐵로 만들어 장식한다. 매 첩의 위와 아래는 도금한 둥근 고리로 첩을 연결한다. 처음과 마지막 첩의 외면은 붉은 광적으로 싼다. 예기척禮器尺을 사용한다.

**諡竹冊一件**

十貼. 用大竹. 長九寸, 廣一寸, 厚從竹編. 結六間爲一貼. 貼數隨其冊文多少. 極行刻十三字, 中行十二字, 平行十一字. 以泥金塡字, 上下頭以紅廣的褙接, 繪粧以熟銅召伊鍍黃金邊鐵粧飾. 每貼上下, 以鍍金圓環連貼. 初終貼外面, 以紅廣的衣之. 用禮器尺.

## 2) 격유보

격유보隔襦袱란 죽책을 접어 보관할 때 첩과 첩 사이에 끼워 완충재 역할을 하는 솜보자기를 말한다. 죽책이 총 10첩이므로 격유보는 9건이 필요하지만 1건이 분실되어 8건만이 전해진다. 격유보의 한쪽 면에는 죽책 글씨가 음각된 부분에 메운 금가루[金泥]가 묻은 흔적이 남아있다. 의궤 기록에 격유보의 매 폭 길이는 6치, 나비는 5치로, 죽책 한 첩의 길이와 너비보다 살짝 작게 만들어 첩 중앙의 글씨가 새겨진 부분을 보호하고 죽책을 접어 보관할 때 밀리지 않도록 하였다.

격유보 앞면

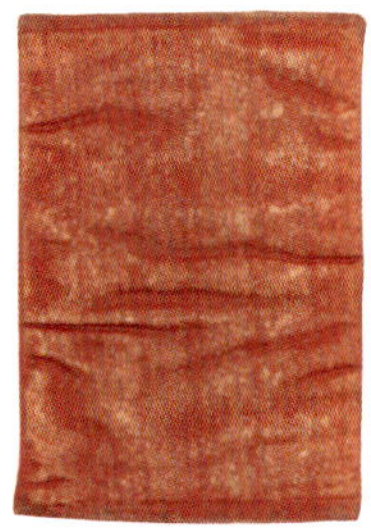

격유보 뒷면(금가루가 묻은 부분)

---

### 『경혜인빈상시봉원도감의궤』에 기록된 격유보

**격유보隔襦袱 9건을 새로 만드는데 들어가는 재료**

붉은 광적[紅廣的] 매 폭의 길이는 6치, 나비는 5치, 안에 넣을 풀솜[雪綿子] 9돈, 바느질하는데 필요한 붉은 명주실 3돈, 밀가루 1홉, 자주색 대록피大鹿皮 전체 폭[全長廣] 1치 5푼 2오리. 〈아래와 위를 묶는 끈으로 사용하는 재료〉.

**隔襦袱九件 新造所入**

紅廣的每幅長六寸廣五寸, 槊次雪綿子九錢, 縫造次紅眞絲三錢, 眞末一合, 紫的大鹿皮全長廣一寸五分二條里.<上下層結纓子次>.

---

죽책의 격유보에 사용된 천은 시대에 따라 양식에 조금씩 차이를 보인다. 특히 영조가 검약을 실천해야 한다며 왕실 의례 때 값비싼 중국제 비단의 사용을 제한했던 18세기 중반을 전후로 차이가 확연하게 나타난다. 중국제 문직紋織의 수입이 활발했던 17세기 중반<현종 왕세손책봉 죽책>(1649)부터 18세기 중반<진종비 효순왕후 왕세자빈책봉 죽책>(1727)까지 만자형卍字形의 구름무늬[雲紋]를 중심으로 방승方勝*, 서각犀角, 서보書寶, 여의운如意雲 등 보문寶紋이 직조된 비단이 주류를 이룬다. 영조가 화려한 수입산 중국 비단의 사용을 규제한 18세기 중반<진종 상시호 죽책>(1729)부터 19세기 후반<영조 후궁 영빈 이씨 상시호 죽책>(1899)까지 모두 문양이 없는 국내산 비단이 사용되었다. 이중 왕세자·왕세손이 수여 대상인 유물 중 염색되지 않은 무명천으로 만든 사례가 7건이 확인되어 주목된다. 예외적으로 1776년에 제작된 <장조 상시호 죽책>(1776)의 격유보는 화려한 도류불수문桃榴佛手紋*이 직조된 비단으로 제작되었다. 왕비·왕세자비·후궁은 모두 붉은 색으로 염색한 비단을 사용했는데 <경혜인빈 상시호 죽책>의 격유보도 여기에 해당한다.

격유보에 사용된 보문(현종 왕세자책봉 죽책)

전보錢寶

서각犀角

서보書寶

여의운如意雲

* 방승(方勝) : 마름모꼴로 엮은 동심결(同心結)의 매듭문양으로 끊어지지 않고 헤어짐 없이 영원하라는 의미의 '동심상련(同心相連)'을 상징한다.

* 도류불수문(桃榴佛手紋) : 복숭아, 석류, 불수감 열매의 모양을 조합한 문양.

현종 왕세손책봉 죽책
1649 | 국립고궁박물관

현종 왕세손책봉 죽책
1651 | 국립고궁박물관

진종비 효순왕후 왕세자빈책봉 죽책
1727 | 국립고궁박물관

진종 상시호 죽책
1929 | 국립고궁박물관

경혜인빈 상시호 죽책
1775

장조 상시호 죽책
1776 | 국립고궁박물관

순조 왕세자책봉 죽책
1800 | 국립고궁박물관

영조후궁 영빈이씨 상시호 죽책
1899 | 국립고궁박물관

### 3) 책갑

격유보를 첩과 첩 사이마다 끼워 접은 죽책의 외면을 감싸는 보자기이다.[75] 바깥 면에 붉은 비단[紅方紬], 안쪽 면에 푸른 비단[藍輕光紬]을 대었으며, 속심에 여러 겹의 종이를 덧대어 만들었다. 순서에 따라 갑을 상하로, 우좌로 접었을 때 맞닿는 위치마다 상아 단추를 달고 실을 엮어 만들어 단춧고리를 꿰었다.

『경혜인빈상시봉원도감의궤』「품목질」 갑 도설

〈경혜인빈 상시호 죽책〉 책갑 안쪽

## 『경혜인빈상시봉원도감의궤』에 기록된 책갑

**갑匣 1부部**

바깥쪽은 홍방주紅方紬를 사용하고 안쪽은 남경광주藍輕光紬로 받든다. 속에 들이는 초주지는 연마하여 꺾는다[摩挫]. 길이, 나비의 수치는 크기를 적절히 헤아려 만든다. 두 끝과 가운데는 각각 상아 단추를 단다. 죽책을 갑 안에 넣을 때는 상단을 아래로 접은 다음 하단을 위로 접고 단추를 채운다. 또 우단을 왼쪽으로 접고 나서 좌단을 오른쪽으로 접고 단추를 채운다. 모퉁이와 가운데도 단추로 채운다.

**匣一部**

外用紅方紬, 內拱藍輕光紬. 槊入草注紙摩挫. 長廣尺數之多少, 量宜造作. 兩端及腰中, 各懸牙丹樞, 以冊盛於匣內, 以上端下摺, 次以下端上摺, 以丹樞鎖之. 又以右端左摺, 次以左端右摺, 以丹樞鎖之. 四隅腰中, 丹樞鎖之.

## 『경혜인빈상시봉원도감의궤』에 기록된 내함과 외궤

〈경혜인빈 상시호 죽책〉을 보관했던 내함과 외궤는 현재 소실된 상태지만 죽책의 제작과정을 기록한 의궤에 재료와 외형에 관한 기록이 남아있어 그 모습을 짐작해볼 수 있다.[76]

### 금니로 장식하고 왜주홍칠을 한 내함 1부畫金倭朱紅漆內函 一部

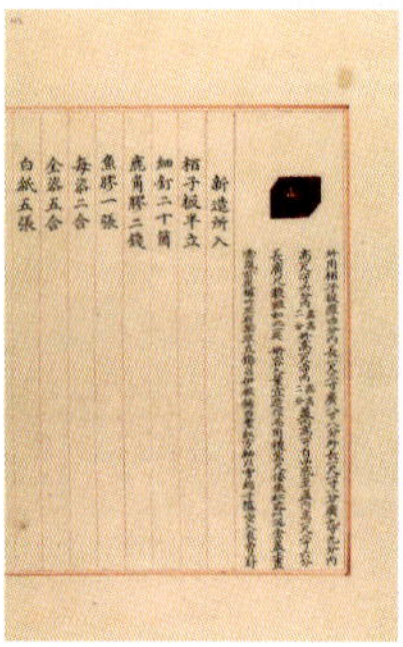

『상시봉원도감의궤』
「품목질」
죽책 내함 기록

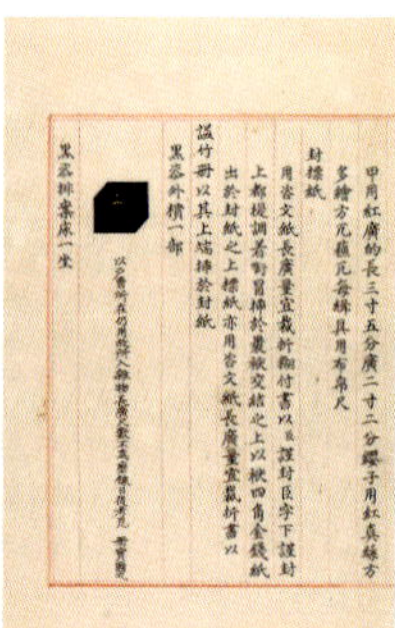

『상시봉원도감의궤』
「품목질」
죽책 외궤 기록

"밖에 사용하는 잣나무 판[栢子板]은 두께가 4푼으로 안쪽은 길이 1자 3치, 너비 8치 8푼, 바깥쪽은 길이 1자 1치 1푼, 너비 9치 9푼이다. 안의 높이는 1자 1치 6푼 이내이며, 〈전의 높이[齒高] 2푼〉 바깥의 높이는 1자 2치 이내이다. 〈전의 높이[齒高] 2푼〉 덮개 안의 높이는 1치이다. 함의 바닥에서 덮개까지 높이는 1자 2치 6푼이다. 길이와 너비가 비록 이와 같지만 죽책이 들어가는 용량에 따라 적절히 헤아려 만들되 예기척을 쓴다. 왜주홍칠倭朱紅漆은 니금泥金으로 덮개면에는 구름과 봉황을 그리고 앞과 뒤에는 매화와 대나무를, 좌우에는 난초를 그린다. 놋쇠[豆錫]를 조각하여 장식한다. 안은 붉은 비단[紅方紬]을 바르고 남는 부분에 풀솜을 채워 넣고, 의향衣香 2봉封을 넣는다."

### 흑칠 외궤 1부黑漆外櫃 一部

"호조에 있는 것을 그대로 사용하였기 때문에 들어가는 잡물에 대하여 길이, 너비, 수량을 마련하지 않았다. 나중에 《책보도식冊寶圖式》을 살펴보라."

# 2 구조와 명칭

죽책은 대나무 재질로 글씨를 새긴 부분인 죽간竹簡, 비단으로 장황한 첩의 위와 아래를 장식하는 금속인 변철邊鐵, 첩과 첩을 연결하는 작은 고리인 원환圓環, 죽간과 변철을 연결하는 못인 두정頭頂 등으로 구성된다.

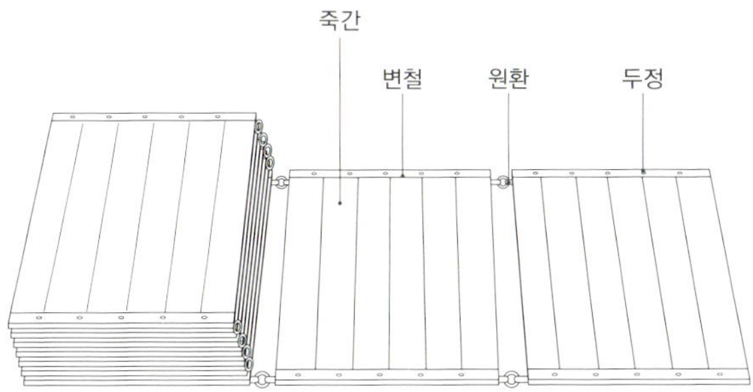


## 1) 죽간

죽책의 몸체를 구성하는 대나무 부속품이다. 죽책 제작 시 대체로 죽간 5~7족을 엮어 하나의 첩을 만드는데, <경혜인빈 상시호 죽책>은 죽간 6족을 한 첩으로 구성하였다. 죽간 전면에 주칠朱漆하여 1족에 1자~12자의 글씨를 음각한 뒤 금니를 메워 장식하였다.

죽간 전면(주칠한 면)

죽간 후면

죽간 글씨 부분

### 2) 회장 및 옷回粧及衣

죽책의 첫 번째와 마지막 첩의 표지는 직물로 장황裝潢*을 하는데 이것을 의궤에서는 '회장 및 옷[回粧及衣]'이라고 표현하였다. 여기서 '회장回粧'은 죽책 상하 모서리를 보호하기 위해 감싸는 변철 안쪽에 위치한 천이다. '옷[衣]'은 책의冊衣를 뜻하는 것으로서 죽책의 첫 번째 첩과 마지막 첩 뒷면에 표지의 기능을 하는 직물로 옷을 입히는 것을 말한다. 겨유보와 마찬가지로 영조 재위 기간에 직물 사용을 규제하기 이전에는 수입산 문단紋緞이 주류를 이루었으며 이후에는 국내산 무문단無紋緞이 주류이다.

회장

옷

* 장황(裝潢) : 비단이나 종이를 발라 책이나 족자 따위를 꾸미는 일.

### 3) 변철

위와 아래를 비단으로 회장한 죽책의 위를 감싸 외형을 꾸미는 동시에 취약한 가장자리를 보강하는 금속 장식이다. 편철編綴, 변자쇠邊子金라고도 한다. 죽간 5~7족을 나란히 놓고 위아래를 비단천과 금속판으로 감싼 다음 구멍을 뚫고 그 자리에 두정을 박아 고정한다. 부속품으로 원환, 두정이 있다.

변철의 여의두형 넝쿨 문양

변철의 문양은 옥책의 경우 넝쿨무늬, 넝쿨꽃무늬, 물결무늬, 쌍룡무늬, 무문無紋이 확인되지만 죽책은 넝쿨무늬와 무문만 파악된다.[77] 죽책의 변철에 새겨진 문양은 시기에 따라 약간의 차이를 보인다. 현존 죽책 유물을 대상으로 변철의 문양을 살펴보면 대부분 넝쿨무늬를 주문양으로 삼아 배경에 어자문을 채웠다. 넝쿨무늬는 정조 이전 18세기 후반<문효세자 상시호 죽책>(1786)까지 잎의 모양이 꼬임을 여러 번 주어 진행되다가 19세기 전반<문조 왕세자책봉 죽책>(1812)부터 잎의 모양이 도안화 된 형태를 띤다. 19세기 후반부터 잎의 크기가 축소되고 넝쿨 줄기가 두툼하게 변화하며, 1899년 제작된 영조 후궁 영빈 이씨의 시호 죽책 변철에서는 넝쿨무늬의 줄기와 잎의 형태가 더욱 단순해지고 비중이 커지면서 바탕이 거의 사라지게 된다. <경혜인빈 상시호 죽책>의 변철은 18세기 후반 이전의 전형적인 형태이다.

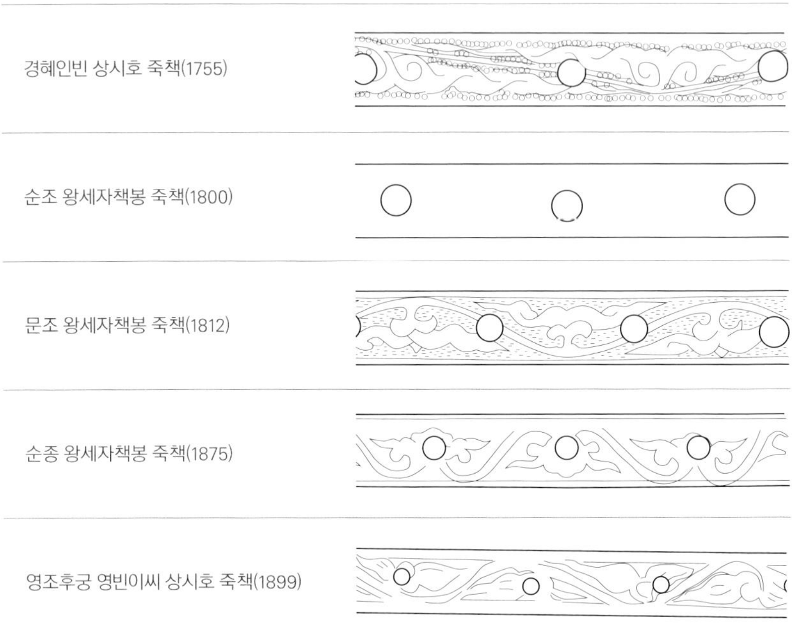


죽책 변철의 시기별 문양 변화

## (1) 원환

죽책의 첩과 첩 사이를 연결하는 고리이다. 각 첩의 변철 좌우 끝부분에 배목을 땜질하여 매달아 그 사이로 원환을 끼워 연결하였다. 원환과 대비되는 연결 방식으로 돌쩌귀[乭迪耳]가 있다. 돌쩌귀 방식은 각 첩의 변철 끝에 달린 못 형태의 둥근 쇠를 넣어 서로 맞물리게 고정한 것이다.

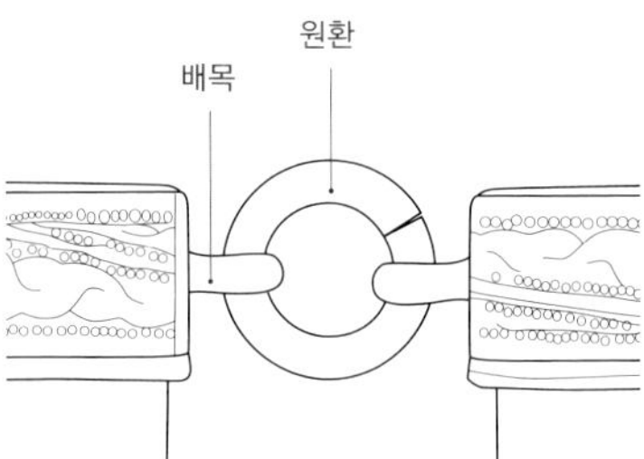


원환 구조

옥책의 사례를 보았을 때 대체로 원환은 이른 시기에 확인되며 18

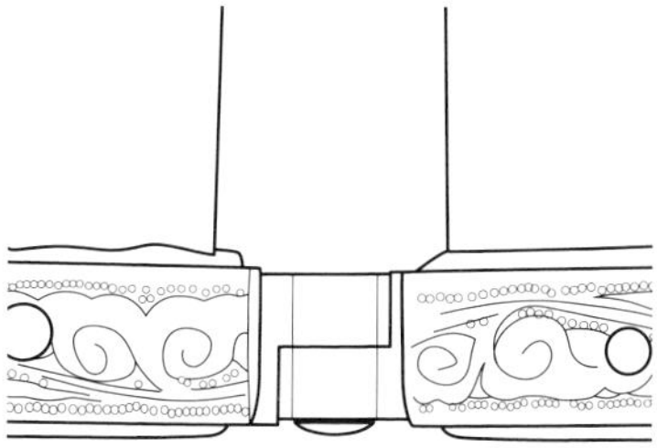

돌쩌귀 구조

세기 중반 이후로는 돌쩌귀로 연결된다. 옥책의 연첩 방식이 변경된 계기는 1757년영조 33 영조비 정성왕후의 우주虞主를 종묘에 매립하는 과정에서 땅에 묻혀있던 인종 옥책을 발견하고 이를 다시 제작하는 과정에서 바뀐 것으로 알려져 있다.[78] 현재 실물이 전하는 죽책 유물에서도 원환은 17세기 중반<현종 왕세손책봉 죽책>(1649)부터 18세기 중반<경혜인빈 상시호 죽책>(1755)까지 확인되며, 돌쩌귀는 18세기 중반<정조 왕세손책봉 죽책>(1759)부터 19세기 후반<영조 후궁 영빈 이씨 상시호 죽책>(1899)까지 사용된다. 죽책 유물의 사례를 통해 보았을 때 1757년 바뀐 옥책의 제작 방식이 죽책에도 적용되었을 것으로 여겨진다.

### (2) 두정

변철과 죽간을 연결하는 못이다. 머리가 큰 것은 광두정廣頭釘이라고도 한다. 죽간 5~7족을 나열하여 변철을 두른 뒤 구멍을 뚫어 두정을 박아 고정하였다. 아래는 <경혜인빈 상시호 죽책>의 한 첩을 측면에서 보았을 때 과학적으로 단층촬영CT한 결과이다. 첩 상단을 둘러싼 변철과 이를 관통하여 죽간을 고정하는 두정이 확인되었다. 배목은 대개 고정하기 위해 막대 형태의 부속물을 기물에 박아 넣는데, 단층 촬영에서 내부 막대의 모습이 확인되지 않으므로 땜질한 것으로 파악된다.

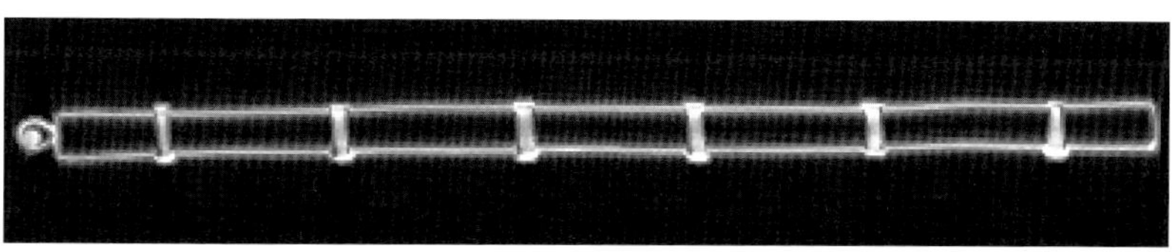

변철 부분 단층 촬영

# 어떤 내용일까?

1 죽책문의 작성

2 글을 짓고 쓴 문장가

3 죽책문의 내용

# 1 죽책문竹冊文의 작성

죽책에 새겨 수여 대상의 생전 업적과 추숭하는 목적을 기록한 문장을 책문冊文이라 한다. 책문은 왕이 임명한 제술관이 임금을 대리하여 왕실의 품격을 갖춘 일정한 격식에 맞는 글로 지었다. 따라서 개인적인 견해나 소회가 개입되기 어려웠으며 여러 차례 교정과 교열을 거쳤다. 책문은 작성 단계에 따라 제술관이 처음 글을 지었을 때의 줄글 상태인 출초본出草本, 이를 왕에게 보여 정해진 책문의 양식에 맞게 베껴 쓴 초도서草圖書, 그리고 죽책에 새기기 위해 글씨를 잘 쓰는 사자관이 일정한 글씨체로 본떠 쓴 정본正本으로 구분된다. 이중 정본은 죽간에 붙여 각수가 글씨를 새길 때 도본의 역할을 겸했으므로 사용하여 없어진다.

<경혜인빈 상시호 죽책>의 책문은 제술관이 사륙변려문*으로 서술한 것을 사자관이 해서체*의 글씨로 배치[排字]하였다. 죽책에 배자하는 격식은 대두법*을 사용하여 수여 대상을 지칭하는 단어가 나올 때마다 이를 높여 경의를 표하기 위해 줄을 바꾸어 다음 줄 맨 위로 올려 적었다.

전체 내용은 선조 후궁인 인빈 김씨에게 '경혜敬惠'라는 시호諡號를 올리면서 인빈의 덕德을 칭송한 글이다. 죽간 1족~3족까지는 시호를 올리는 날짜와 올리는 사람을 밝혔는데, 올리는 사람인 영조의 이름 '금昑' 자를 작게 쓴 것은 영조 자신을 낮춘 것이다. 4족~7족까지는 시호를 올리는 이유를 설명하고 있고, 8족~20족까지는 인빈의 행실, 성품, 비빈妃嬪들과의 관계, 궁중에서의 처신處身을 설명하고 있다. 21족~27족 중간까지는 선조와 인빈 사이에 많은 자손이 태

* 사륙변려문(四六騈儷文) : 문장이 4자와 6자를 기본으로 한 대구로 이루어져 고사를 인용한 수사적 미감이 돋보이는 문체이다. 조선 왕실 어책의 문체로 많이 사용되었다.

* 해서체(楷書體) : 한자의 정자체로 예로부터 서적에 많이 사용되는 글씨체이다. 획이 가로 세로로 반듯하게 뻗어 글씨 전체가 정사각형을 이룬다.

* 대두법(擡頭法) : 왕과 왕비 등 왕실 구성원을 높일 때 줄을 바꾸어 기준선보다 한 글자 혹은 두 글자 띄워 작성하는 방식.

어난 것과 인빈의 후손이 보위寶位에 오르게 되어 국운이 길게 유지됨을 인빈의 덕으로 돌려 칭송하였다. 27족 중간~31족까지는 인빈을 높이 받들어야 하는데도 제대로 그 덕을 드러내지 못했다는 등의 말로 인빈에 대한 마음을 드러내었고, 32족~40족까지는 그동안 인빈을 받든 몇 가지 일들을 서술하고 있다. 41족~49족까지는 '경혜'라는 시호를 받아달라는 것과 앞으로도 잘 보살펴 주기를 바라는 마음을 표현하였다.

1족에서 49족까지 보면 죽간에서 한 글자의 공백도 띄우지 않은 극항極行, 한 글자의 공백을 띄운 중항中行, 두 글자의 공백을 띄운 평항平行으로 문자를 기록하였다. 극항에 작성한 글자에 대해 말하면 8족의 '인빈仁嬪' 자는 시호를 받는 대상을 가리키고, 13족의 '장추長秋' 자는 인빈보다도 높은 문정왕후文定王后를 가리키며, 23족의 '성자聖子' 자는 왕으로 추존追尊된 원종元宗을 가리키고, 24족의 '신손神孫' 자는 원종의 아들로 보위에 오른 인조仁祖를 가리키며, 31족의 '열조列朝' 자는 열성조列聖朝를 가리키고, 32족의 '장릉章陵' 자는 원종을 가리키고, 36족의 '친親' 자는 영조의 사친私親인 숙빈淑嬪 최씨崔氏를 가리키며, 42족의 '시호諡號' 자는 인빈의 시호를 가리키고, 48족 '종宗' 자는 국가를 대표하는 종사宗社를 가리키는 글자이므로 극항으로 올려 적은 것이다.

해제 : 이상설

## 2 글을 짓고 쓴 문장가

### 제술관製述官 이천보李天輔

죽책에 새길 글인 책문冊文을 짓는 것을 제술製述이라고 하는데, 이를 담당하는 관리인 제술관은 대체로 문장력을 갖춘 당상관 이상의 고급 관원이 맡았다. <경혜인빈 상시호 죽책>의 제술은 이천보李天輔 (1698~1761)가 맡았다. 이천보는 3대에 걸쳐 대제학大提學을 배출한 명문가 출신이다. 젊었을 때부터 문강공文康公 김창흡金昌翕이 그의 시가를 보고서 매우 훌륭하다고 칭찬을 할 정도였다.[79] 시와 문학에 뛰어난 재질을 보여 당대에 이미 팔문장八文章 중 한 사람으로 꼽혔다.

### 서사관書寫官 신만申晩

서사관은 제술관이 작성한 책문冊文을 정서正書로 단정하게 쓰는 일을 하였다. 죽간에 새길 글씨를 직접 쓰기 때문에, 제술관과 마찬가지로 학식과 명망을 지닌 고위 관원이 맡았다. <경혜인빈 상시호 죽책>의 서사관은 신만申晩(1703~1765)이 맡았다. 신만은 서예가로 이름 높았으며, 동생 신회申晦와 함께 정승직에 올라 주위 사람들의 명망을 샀다.

# 3 죽책문의 내용

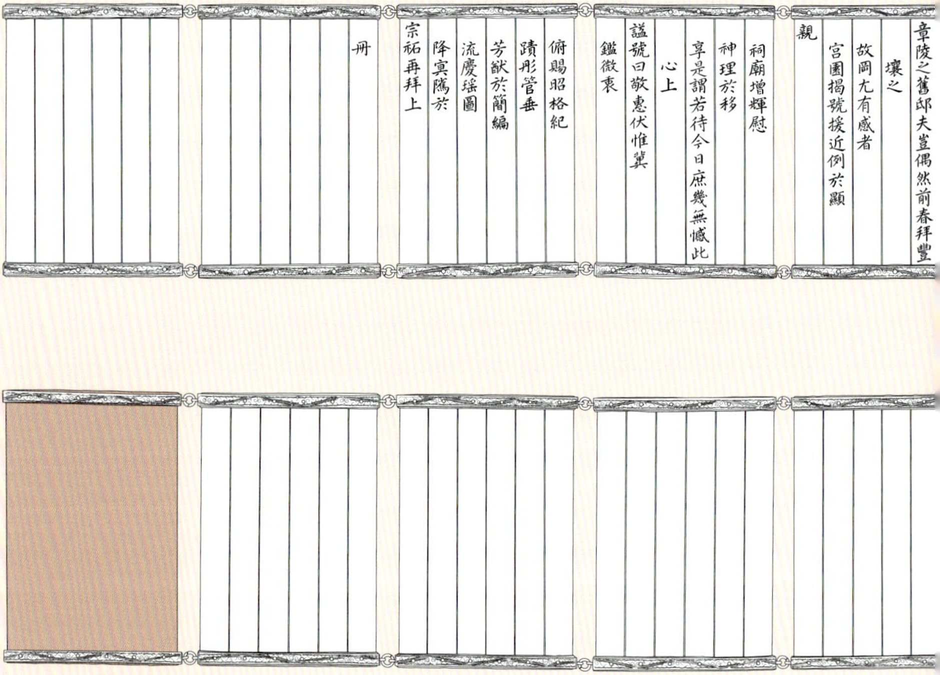

章陵之舊邸夫豈偶然前春拜豐
壤之
故罔允有感者
宮園揭號援近例於顯
親
祠廟增輝慰
神理於移
享是謂若待今日庶幾無憾此
心上
謚號曰敬惠伏惟冀
鑑徽衷
俯賜昭格紀
蹟彤管垂
芳猷於簡編
流慶瑶圖
降寘騭於
宗祏再拜上
冊

維歲次乙亥六月癸卯朔二
十二日甲子國王 昑 稽首上
冊謹以
衍景祉於萬世緬懷
懿規修曠典於百年聿陳
顯冊敢云彰
美秖爲伸誠伏惟
仁嬪
飭行端貞
稟性溫粹
夙齡賡名家之
選叶異夢於
長秋
哲範播六宮之譽
贊
柔化於樛木
處福綏而若懼益
迓休吉之來
履艱危而終亨寔著
和順之積惟
毓慶誕裕邦國故
錫羡乃昌本支
聖子承庥載垂燕翼之烈
神孫御極果符龍飛之祥基祚靈
長實資
啓佑之遺澤年代寖邈詎忘
淑嘉之餘徽顧典禮亶合於致
隆而表章猶闕於考
德香火替奉於私第曷勝永慕

# 1첩

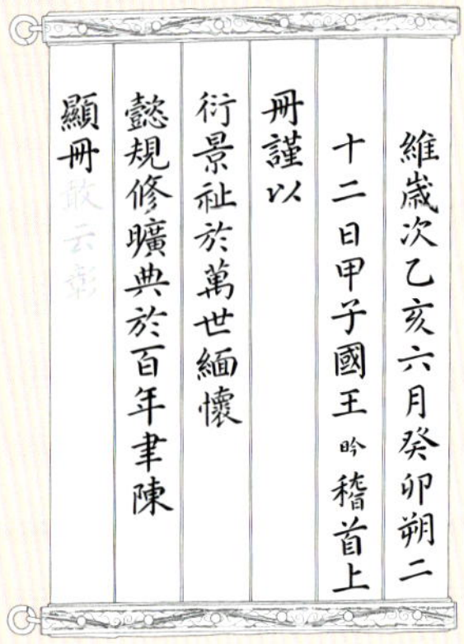


維歲次乙亥六月癸卯朔二十二日甲子, 國王昑稽首上冊.

유세차維歲次* 을해년1755(영조 31) 6월 계묘삭癸卯朔* 22일 갑자일甲子日에 국왕 이금李昑*은 머리를 조아리고 죽책문竹冊文을 올립니다.

謹以衍景祉於萬世, 緬懷懿規, 修曠典於百年, 聿陳顯冊.

삼가 아룁니다. 큰 복을 만대에 물려주셨으므로 그 아름다운 풍도를 생각하여 백년이 지난 오늘날 세상에 드문 전례典禮를 행하여 죽책문을 올립니다.

* 유세차(維歲次) : '이 해의 차례(次例)'라는 뜻으로 제문(祭文) 등에서 연월일(年月日)을 밝히는 첫머리에 쓰는 표현

* 계묘삭(癸卯朔) : 6월 1일의 간지(干支)가 계묘일(癸卯日)로 시작한다는 뜻

* 이금(李昑) : 조선 제21대 왕 영조의 이름

維歲次乙亥六月癸卯朔二
十二日甲子國王昑稽首上
冊謹以
衍景祉於萬世緬懷
懿規修曠典於百年聿陳
顯冊敢云彰

# 2첩

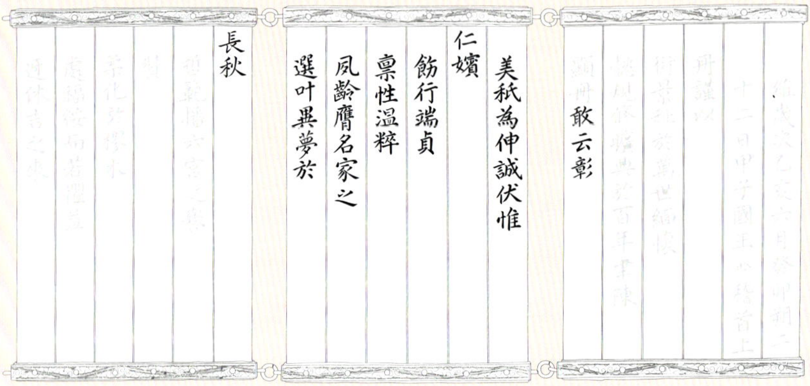


3첩 2첩 1첩

敢云彰美. 秖爲伸誠.

어찌 감히 그 아름다움을 드러낼 수 있겠습니까. 그저 정성을 보이고자 하는 것일 뿐입니다.

伏惟仁嬪, 飭行端貞, 禀性溫粹.

삼가 생각건대, 인빈仁嬪께서는 근엄한 행실이 바르고 단정하며,
타고난 성품이 온화하고 순수하십니다.

夙齡膺名家之選, 叶異夢於長秋,

어릴 적에는 명문가의 선발에 응하시어* 장추궁長秋宮*의 기이한 꿈과
부합하셨고,

* 어릴 적에는 ~ 응하시어 : 인빈이 14세에 선조(宣祖)의 후궁이 되었던 일을 말함

* 장추궁(長秋宮) : 중국 한(漢)나라 때 황후(皇后)가 거처하였던 궁전으로 여기서는 문정왕후(文定王后)를 가리키는 말. 기이한 꿈은 문정왕후가 꿈에서 본 계시에 따라 후사를 얻기 위해 숙의 이씨(淑儀 李氏)를 명종의 후궁으로 데려왔고, 숙의도 끝내 아들을 낳지 못하였는데 숙의가 궁중으로 데려온 인빈 김씨가 대를 이어 후손이 번창해진 일을 말함.

美秪為仲誠伏惟
仁嬪
飭行端貞
禀性温粹
夙齡膺名家之
選叶異夢於

## 3첩

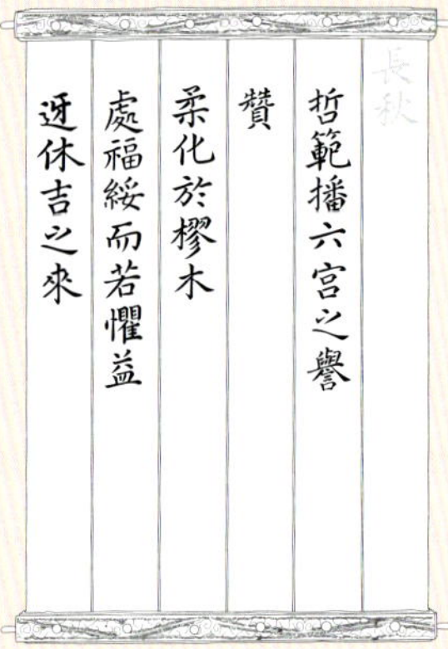


哲範播六宮之譽, 贊柔化於樛木.

훌륭한 의범은 육궁六宮*의 칭송으로 전파되어 규목樛木*의 화목한 교화를 도우셨습니다.

處福綏而若懼, 益迓休吉之來,

복을 누리는 자리에 계시면서도 두려워하듯이 조심조심 처신하시어 아름답고 길한 일을 더욱 많이 맞이하셨고,

* 육궁(六宮) : 고대에 천자의 황후는 정침(正寢)에 거처하였고, 3부인(夫人)과 9빈(嬪)과 27세부(世婦)와 81어처(御妻)는 5개의 연침(燕寢)에 나누어 거처하였음. 육궁은 이 여섯 처소로 임금의 비빈(妃嬪)들을 총체적으로 가리키며, 여기서는 선조(宣祖)의 정비인 의인왕후(懿仁王后)와 인목왕후(仁穆王后), 후궁인 공빈 김씨(恭嬪 金氏), 순빈 김씨(順嬪 金氏), 정빈 민씨(靜嬪 閔氏), 정빈 홍씨(貞嬪 洪氏), 온빈 한씨(溫嬪 韓氏) 등을 가리킴

* 규목(樛木) : 『시경(詩經)』 『주남(周南)』의 편명임. 중국 주나라 문왕(文王)의 여러 첩(妾)이 후비(后妃) 태사(太姒)의 덕화(德化)에 감화되어 후비를 칭송하여 읊은 시를 말함. 여기서는 선조의 여러 빈(嬪)을 가리킴

長秋
哲範播六宮之譽
贊
柔化於樛木
處福綏而若懼益
迓休吉之來

## 4첩

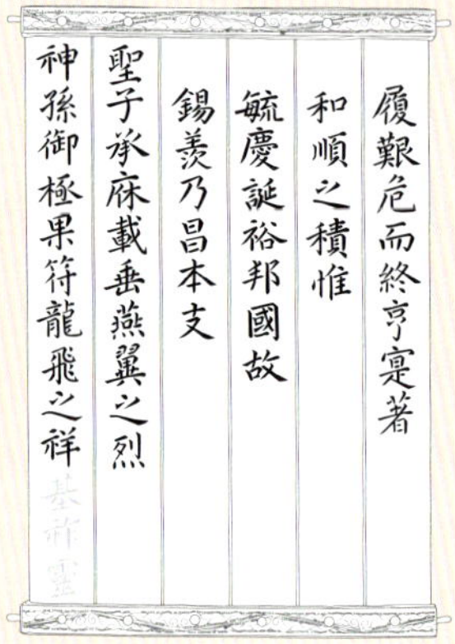
履艱危而終亨寔著
和順之積惟
毓慶誕裕邦國故
錫羨乃昌本支
聖子承麻載垂燕翼之烈
神孫御極果符龍飛之祥

履艱危而終亨, 寔著和順之積.

어렵고 위태로운 일에 처해서도 끝내 막힘없이 잘 처리하시어 온화하고 순한 업적을 드러내셨습니다.

惟毓慶誕裕邦國, 故錫羨乃昌本支.

오직 선행을 쌓아 나라를 넉넉해지게 하셨으므로 신명神明이 많은 복을 내려 왕손王孫을 번창하게 하였습니다.

聖子承麻, 載垂燕翼之烈, 神孫御極, 果符龍飛之祥.

성자聖子*께서 그 아름다움을 이어 이에 연익燕翼*의 공열을 드리웠고, 신손神孫*께서 보위寶位*에 올라 실로 용비龍飛*의 상서祥瑞*에 부합하셨습니다.

* 성자(聖子) : 훌륭한 임금의 아들이라는 뜻으로, 여기서는 선조의 아들 원종(元宗)을 가리킴

* 연익(燕翼) : 『시경』 『대아(大雅) 문왕유성(文王有聲)』에 "후손에게 계책을 남겨 주어, 아들을 편안하게 돕는다."라고 한 데서 유래하여 자손들에게 편안함을 물려준다는 뜻으로 쓰임

* 신손(神孫) : 훌륭한 임금의 후손이라는 뜻으로, 여기서는 원종의 아들인 인조(仁祖)를 가리킴

* 보위(寶位) : 임금의 지위

* 용비(龍飛) : 『주역』 『건괘(乾卦) 구오(九五)』에 “나는 용이 하늘에 있으니, 대인을 만나봄이 이롭다.”라고 하였는데, 임금의 자리에 오른 것을 가리킴

* 상서(祥瑞) : 경사롭고 길한 징조

# 5첩

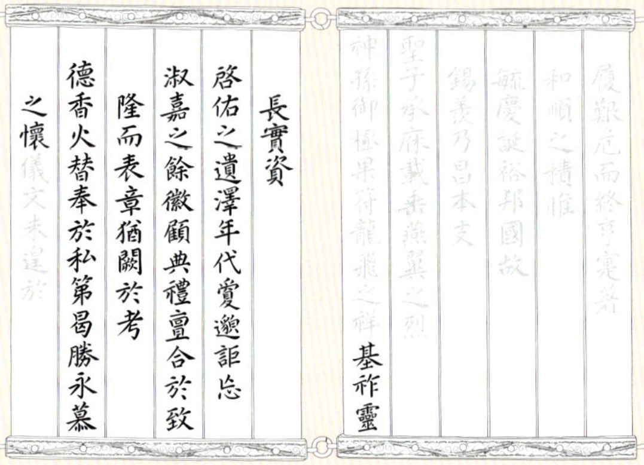


5첩 4첩

**基祚靈長, 實資啓佑之遺澤, 年代夐邈, 詎忘淑嘉之餘徽.**

그 기조基祚*가 신성하게 오래 유지된 것은 실로 후손을 잘 계도하고 보우해 주신 덕분이니, 아득한 옛일이라 하여 그 아름다운 덕을 어찌 잊을 수 있겠습니까.

**顧典禮亶合於致隆, 而表章猶闕於考德.**

다만 전례典禮에 있어서는 높이 받드는 데 진실로 합당하지만 표장表章함에 있어서는 오히려 그 덕德을 헤아리는 데 부족함이 있습니다.

**香火替奉於私第, 曷勝永慕之懷.**

제향祭享은 사가私家에서 대신 올리고 있으니, 길이 사모하는 마음을 어찌 이루 다 말할 수 있겠습니까.

* 기조(基祚) : 국운(國運)을 가리키기도 하고 왕위(王位)를 가리키기도 함

長實資
啓佑之遺澤年代夐邈詎忘
淑嘉之餘徽顧典禮亶合於致
隆而表章猶闕於考
德香火替奉於私第曷勝永慕
之懷儀文未遑於

# 6첩

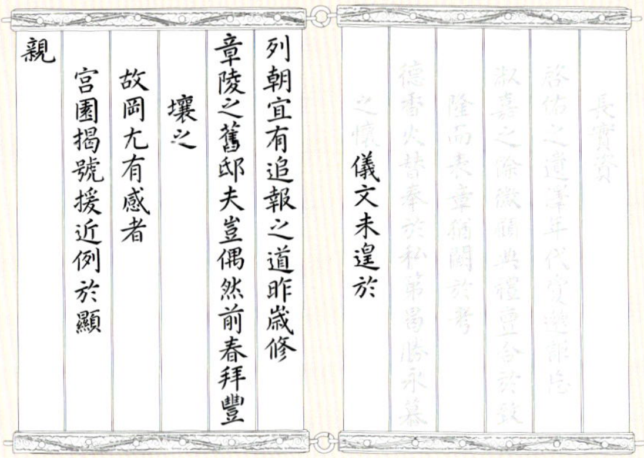


6첩 5첩

儀文未遑於列朝, 宜有追報之道.

의식은 여러 선대에 미치지 못하니, 이제라도 보답하는 도리가 있어야겠습니다.

昨歲修章陵之舊邸, 夫豈偶然.

몇 해 전 장릉章陵의 옛 집을 수리하였으니*, 어찌 우연한 일이겠습니까.

前春拜豐壤之故岡, 尤有感者.

지난봄에 풍양豐壤의 옛 언덕으로 찾아가 뵈니*, 더욱 감회가 일었습니다.

宮園揭號, 援近例於顯親,

궁원宮園의 호號를 올린 것은 어버이를 드러내는 데에서 근래의 규례를 따른 것이고*,

* 몇 해 전 ~ 수리하였으니 : 장릉(章陵)은 원종(元宗)의 능인데, 여기서는 원종을 가리킴. 영조는 1752년(영조28) 7월 26일에 원종의 옛 집인 송현궁(松峴宮)에 들러 집이 쓰러져 가는 것을 보고는 선혜청의 쌀과 재목 등을 지원하여 수리하게 하였음

* 지난봄에 ~ 찾아가 뵈니 : '풍양(豐壤)의 옛 언덕'은 양주(楊州) 풍양에 있는 인빈의 묘(墓)를 말함. 영조는 1755년 2월 19일 광릉(光陵)에 친제례(親祭禮)를 행하고 돌아오는 길에 인빈의 묘에 들렀음

* 궁원의 ~ 따른 것이고 : 영조는 1755년 6월 2일에 인빈의 사당을 '저경궁(儲慶宮)'으로 묘(墓)를 '순강원(順康園)'으로 승격시켰는데, 이는 1753년(영조29) 숙빈 최씨의 사당을 '육상궁(毓祥宮)'으로, 묘(墓)를 '소령원(昭寧園)'로 승격한 예를 따른 것임

## 7첩

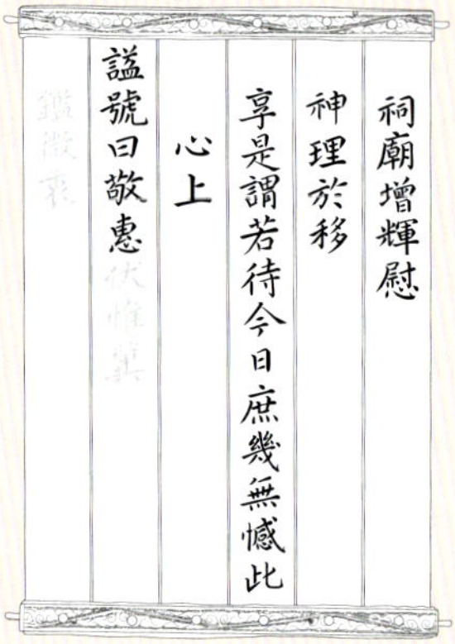


祠廟增輝, 慰神理於移享.

사당을 더욱 빛낸 것은 제향을 옮기는 데에서 신령神靈을 위로한 것입니다.*

是謂若待今日, 庶幾無憾此心.

이는 마치 오늘날을 기다린 듯하다고 할 수 있으니, 이 마음에 거의 유감이 없을 듯합니다.

上諡號曰敬惠,

시호를 '경혜敬惠'라 올리니,

* 사당을 ~ 위로한 것입니다 : 영조가 1755년 6월 2일에 인빈의 사당을 원종의 송현궁으로 옮긴 일을 말함. 인빈의 사당은 영조와 8촌 간인 이증(李增)이 모셨는데, 이증이 1748년(영조24)에 역모 사건에 휘말리게 되었기 때문임

祠廟增輝慰
神理於移
享是謂若待今日庶幾無憾此
心上
謚號曰敬惠伏惟冀
鑑微衷

## 8첩, 9첩

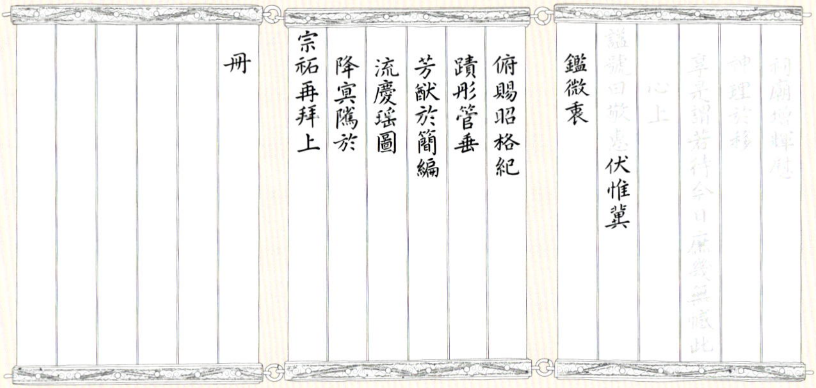


9첩 8첩 7첩

伏惟冀鑑微衷俯賜昭格, 紀蹟彤管, 垂芳猷於簡編, 流慶瑤圖, 降冥隲於宗祏.

삼가 바라건대, 작은 정성을 살펴 주시고 아래로 밝게 강림하시어 이 아름다운 일이 기록되어 죽간에 아름답게 전해지고 대대손손 경사가 이어지도록 종사의 복을 묵묵히 내려 주소서.

再拜上冊.

재배再拜하고 죽책竹冊을 올립니다.

俯賜昭格紀
蹟彤管垂
芳猷於簡編
流慶瑤圖
降寘隲於
宗祏再拜上
冊

# 〈경혜인빈 죽책〉의 내함과 외궤 형태에 관한 추론

**김 미 라** | 이화여자대학교 한국문화연구원

## 1. 추론의 방법

조선 시대 왕실에서는 왕과 왕비, 대비, 왕대비, 대왕대비 등에게 존호尊號나 시호諡號, 휘호徽號 등을 올리거나 왕비를 책봉할 때 옥책을 만들었고, 왕세자와 왕세자빈 이하에는 죽책을 만들어 의례를 거행하였으며, 그 행사의 기록을 의궤에 상세하게 남겼다. 옥책과 죽책은 각각 옻칠로 장식된 주칠함과 흑칠함에 담았고, 그 함을 다시 검은 칠의 함에 담아 보관하였다. 즉 이중으로 된 함을 사용해서, 각각 내함內函과 외궤外櫃로 명칭하였다. 의궤에는 행사에서 사용한 각종 의례품에 대해 도식圖式과 함께 재료, 규격, 장식 내용 등을 기록하였는데, 옥책과 죽책을 담았던 내함과 외궤에 관해서도 형태와 장식에 대한 다양한 정보를 제공한다.

현재 유실되어 전하고 있지 않은 〈경혜인빈 죽책함〉의 형태는 국립중앙박물관에 유일본으로 남아 있는 『경혜인빈상시봉원도감의궤敬惠仁嬪上諡封園都監儀軌』<외규190>를 통해 확인해 볼 수 있다. 이에 의하면 죽책함의 백골 재료와 짜임, 칠과 금속재료, 그림 장식의 내용을 확인할 수 있다. 하지만 의궤의 내용만으로 당시 죽책함의 형태를 온전하게 구현하기에는 무리가 따른다. 함의 규격이 기록되어 있으나 당시 사용했던 자의 기준은 정확하지 않으며, 표면의 니금 그림 경우 그림의 주제만이 나열되어 있고, 금속장식은 재료 소입所入 정도만이 기록되어 있을 뿐이기 때문이다.

그런데 이러한 부분을 보완하기 위해, '왕실 행사를 위한 왕실 의례품의 형태는 양식적인 특징을 갖는다'는 것에 주목할 필요가 있다. 시대에 따른 변천이 있기는 하지만, 동시기에는 거의 같은 형태의 양식적인 특징이 반복된다는 것이다. 즉 〈경혜인빈 죽책함〉과 같은 시기에 제작된 죽책함이 있다면 그 형태는 매우 흡사할 것이다.

죽책 내함의 경우 현재 국립고궁박물관에 37점 정도를 소장하고 있는데, 알려진 죽책 내함 유물의 대부분을 차지하는 수량이다. 임진왜란 이후부터 조선후기에 해당하는 죽책 내함의 수량으로서 많지 않은 양이다. 그리고 죽책에는 제작연도가 명기되어 있으나 죽책함에는 제작연도가 명기되어 있지 않은 상태에서 죽책과 죽책함이 교체 혹은 대체되거나 유실된 경우도 있다. 따라서 지금은 남아 있지 않은 〈경혜인빈 죽책함〉의 형태를 복원하기 위해, 같은 시기의 죽책함을 찾아내서 비교 대상으로 삼을 수도 없는 상태이다.

앞서 언급하였듯이 조선 왕실에서 옥책은 붉은 옻칠인 주칠을 한 옥책 내함과 검은 옻칠인 흑칠을 한 외궤에 담았고, 죽책은 흑칠 내함과 외궤에 담는 것이 상례였다. 그런데 이 〈경혜인빈 죽책함〉의 경우 『경혜인빈상시봉원도감의궤』에 따르면, 주칠의 내함과 흑칠의 외궤에 담았다. 이것은 영정조 시대에 보이는 이례적인 것으로, 1756년영조 32 영조의 생모인 숙빈에게 죽책을 올렸으나 죽책 내함을 주칠로 한 것 『인원왕후숙빈영조정성왕후존숭도감의궤(仁元王后淑嬪英祖貞聖王后尊崇都監儀軌)』 <奎13269>, 1776년정조 즉위년과 1783년정조 7에 정조의 친부에게 죽책을 올리면서 마찬가지로 옥책 내함과 같이 주칠로 죽책 내함을 장식한 경우 『莊獻世子上諡封園都監儀軌』 <奎13337>/『貞純王后 · 莊獻世子 · 惠嬪尊號都監儀軌』 <奎 13297>의 예와 통하는 것이다. 국립고궁박물관 소장의 현전 죽책 내함을 보면, 표면의 칠 외에 그 형태는 옥책 내함과 매우 흡사한 형태로 제작된 것이 확인된다〈도 1~2〉. 즉 〈경혜인빈 죽책함〉의 형태는 옥책 내함의 형태와 견주어 추론하는 것이 가능할 것이다.[01] 옥책 내함 중 1784년정조 8, 1795년정조 19의 것은 특히 니은泥銀 장식을 하였다는 의궤 기록이 있는데, 현전하는 옥책 내함 유물에서 니은 장식 부분이 검게 변화된 것이 확인된다. 이것은 이 시기에만 나타나는 특징인데, 1784년 경모궁과 혜경궁에게 올려진 국립고궁박물관 소장 죽책 내함에서도 역시 니은 장식이 확인되고 있어서, 옥책 내함과 죽책 내함의 양식적 유사점을 방증하고 있다고 하겠다.

---

01 『인원왕후숙빈영조정성왕후존숭도감의궤(仁元王后淑嬪英祖貞聖王后尊崇都監儀軌)』(〈奎 13269〉) 옥책 내함과 죽책 내함 제작에서, 각 옥책이나 죽책의 첩수에 따른 함의 높이를 조정할 것만을 언급하였고, 그 외 칠과 니금 장식, 숙동 금속장식의 구별은 하지 않았다.

도 1
**영조 왕세제책봉 죽책 내함**
1721 | 세로 26.8cm, 가로 41cm, 높이 27cm
국립고궁박물관 소장

도 2
**장조비 헌경왕후 옥책 내함**
1795 | 세로 24.0cm, 가로 33.5cm, 높이 34.5cm
국립고궁박물관 소장

1700년대 중반에 제작된 〈경혜인빈 죽책함〉을 현전하는 40점 정도의 죽책함 유물과 비교하여 그 형태를 추론하는 것은 지금으로서는 어려운 상태이지만, 현전 유물의 수량이 250점에 달하는 옥책 내함과의 비교검토는 가능하다고 하겠다.

다음 장에서는 〈경혜인빈 죽책함〉에 대해 『경혜인빈상시봉원도감의궤』를 기반으로 하고 현전하는 옥책 내함과 비교하여 제작 당시의 그 형태를 추론하고자 한다. 국립고궁박물관에 소장된 약 250점의 옥책 내함 역시 죽책 내함과 같이 옥책과 옥책함이 교체나 대체된 경우가 있지만, 현전 수량이 방대하고 의궤에 제작 기록도 남아 있어서, 제작연도가 명확한 유물을 밝히고 시대에 따른 양식의 변화 양상도 읽어낼 수 있기 때문이다.

죽책은 내함과 외궤의 이중의 함에 담겼는데, 여기에서 주로 다룰 것은 '내함'에 해당한다. 죽책 외궤로는 현재 전하는 유물조차 없다. 옥책 외궤의 경우도, 시기적 변화 양상이 뚜렷하지 않으며 단순한 형태로만 제작되었다. 그리고 『경혜인빈상시봉원도감의궤』의 〈외궤〉 기록에 따르면, 당시 새로 제작된 것이 아니라, 호조에서 보관하고 있던 것을 그대로 사용했기 때문에 규격이나 재료에 대한 설명도 남아 있지 않다. 여기에서는 〈경혜인빈 죽책 외궤〉에 관해서 의궤의 도식과 국립고궁박물관에 소장된 옥책 외궤를 예시로 드는 것에 그치고자 한다.

## 2. 〈경혜인빈 죽책함〉의 형태

『경혜인빈상시봉원도감의궤』에서 죽책을 담았던 내함에 대한 기록은 〈문헌 1〉, 〈문헌 2〉와 같다. 이를 바탕으로 하고 국립고궁박물관 소장의 옥책 내함[02]과 비교검토를 통해 〈경혜인빈 죽책함〉의 규격과 백골구조, 칠과 니금 그림, 금속 장식의 당시 형태에 대한 추론을 시도하고자 한다.

문헌 1 『경혜인빈상시봉원도감의궤』, 품목질

화금왜주홍칠 내함畫金倭朱紅漆內函 1부

"밖에 사용하는 잣나무 판[栢子板]은 두께가 4푼으로 안쪽은 길이 1자 3치, 너비 8치 8푼, 바깥쪽은 1자 1치 1푼, 너비 9치 9푼이며, 안의 높이는 1자 1치 6푼이며, <반턱 높이 2푼>[03] 바깥의 높이는 1자 2치이다. <반턱 높이 2푼> 덮개 안의 높이는 1치이다. 함의 바닥에서 덮개까지

---

02 옥책 내함에 대해 아직 여러 논고가 발표되어 있지 않다. 연구자는 2013년 고궁박물관 소장 옥책 내함을 실측 조사한 바 있어, 여기에서는 이를 바탕으로 논고를 진행하고자 한다. (김미라, 「조선 후기 옥책 내함 연구」(숙명여자대학교 대학원 박사학위논문, 2016))

03 원문에 '치고(齒高)'를 연구자는 '반턱'으로 해석하였다. 뚜껑과 몸체의 단면이 만나 결합하여 닫히는 부분의 '반턱' 구조를 가리키는 것으로, 위와 아래의 치고는 2푼(0.552cm)으로 같다.

04 이 문헌의 치수에는 오류가 포함되어 있다. 1. 안쪽과 바깥쪽의 길이가 뒤바뀐 것, 2. 바깥쪽과 안쪽의 길이와 너비의 차이에서 오류가 확인된다. 1의 경우, 안쪽의 길이가 바깥쪽 길이보다 길게 기록되어 있기 때문이다. 2의 경우, 안쪽 길이가 1자 1치 1푼이라면, 바깥쪽은 백자판의 양쪽 측판의 두께 8푼을 더한 1자 1치 9푼이 되어야 한다. 바깥쪽 길이를 1자 3치라고 하면 1치 1푼의 오차가 있다. 그것은 너비에서도 마찬가지인데, 안쪽 너비가 8치 8푼이라면 바깥쪽은 8푼을 더한 9치 6푼이어야 하는데, 9치 9푼이라고 하여 3푼의 차이가 난다. 즉 길이는 1치 1푼, 너비는 3푼의 오차로 칠 등으로 생길 수 있는 오차 범위에서도 벗어나기 때문에, 당시 기록자의 착오로 보인다.

높이는 1자 2치 6푼이다.04 길이와 너비가 비록 이와 같지만 죽책이 들어가는 용량에 따라 적절히 헤아려 만들되 예기척을 쓴다. 왜주홍칠倭朱紅漆은 니금으로 덮개 위에는 구름과 봉황을 그리고 앞과 뒤에는 매화와 대나무를, 좌우에는 난초를 그린다. 놋쇠[豆錫]를 조각하여 장식한다. 안은 홍방주紅方紬를 바르고 남는 부분에 풀솜을 채워 넣고, 의향衣香 2봉封을 넣는다."

문헌 2 『경혜인빈상시봉원도감의궤』, 품목질

새로 만드는데 들어가는 재료

"잣나무 판 반 닙立, 가는 못 20개箇, 녹각교 2돈, 부레[魚膠] 1장張, 매칠每漆 2홉, 전칠全漆 5홉, 백지白紙 5장, 함 안에 바를 홍릉紅綾 2자, 니금 1돈, 밀가루 4홉, 화필畫筆 1자루, 놋쇠 2근 4냥, 함석含錫 1근 8냥 8돈, 때우는 데 쓸 은 6돈 5푼, 붕사 5돈, 비상 5돈, 왜주홍倭朱紅 1냥 2돈, 열쇠집을 만들 붉은 광적 길이와 너비 각 5치, 열쇠 근을 만들 붉을 명주실 3돈, 여백을 메우는 풀솜은 들어가는 대로 쓴다."

1) 규격

국립고궁박물관 소장의 옥책 내함도 죽책 내함과 마찬가지로, 옥책에는 제작연도가 밝혀져 있으나 함에는 제작연도가 명기되어 있지 않은 상태에서 교체나 대체된 경우가 있다. 그래서 제작연도가 명확한 함을 구분하기에 어려움이 있다.

도 3
영조 상시호 옥책 내함
1776 | 세로 27cm, 가로 36.5cm, 높이 41.5cm
국립고궁박물관 소장

그런데 의궤 기록과 유물의 비교검토를 통해 국왕의 국장에서 시호를 올리는 옥책 즉 시책의 내함은 특별한 도상으로 표현하였고, 그 수량도 250점 중에 매우 한정되어 있어서 제작연도를 보다 명확하게 밝힐 수 있다.〈도 3〉[05] 제작년도를 알 수 있고, 의궤에 그 규격에 대한 기록이 남아 있는 시책 내함은 〈표 1〉 과 같다.

표 1 국왕의 옥책(시책) 내함

| | 의궤 기록의 규격(cm) | 유물의 규격(cm) | 오차 범위(cm) |
|---|---|---|---|
| 1 | 『인조국장도감의궤』〈奎13521〉, 1650년 기록 (백자판으로 길이 1자 3치, 너비 9치 5푼, 높이 1자 4치 5푼 조례기척을 사용한다)<br>: 환산- 35.88x26.22x40.02 (너비x깊이x높이) | 37×26×40 | 02~1.22 |
| 2 | 『효종국장도감의궤』〈奎13521〉, 1659년 기록 (백자판으로 길이 1자 3치, 너비 9치 5푼, 높이 1자 4치 5푼 예기척을 사용한다)<br>: 환산- 35.88x26.22x40.02(너비x깊이x높이) | 36×25.5×40 | 0.02~0.72 |
| 3 | 『현종국장도감의궤』〈奎13539〉, 1675년 기록 (백자판으로 길이 1척 3촌, 너비 9촌 5분, 높이 1자 4치 5푼 예기척을 사용한다)<br>: 환산-35.88x26.22x42.44(너비x깊이x높이) | 35.5×26.3×40 | 0.08~2.44 |
| 4 | 『경종국장도감의궤』〈奎13548〉: 1725년 기록 (백자판으로 길이 1척 3촌 5분, 너비 1척, 높이 1자 7치 예기척을 사용한다)<br>: 환산-37.26x27.6x46.92(너비x깊이x높이) | 37.5×27.6×46.9 | 0.02~0.024 |

〈표 1〉의 환산 방법은 경종의 옥책 내함 '너비 1자'가 현전 유물에서 '27.6cm'로 확인되어 이를 기준으로 한 것이다. 1자를 27.6cm으로 환산하면, 위의 표에서 보는 바와 같이 오차는 '현종 옥책 내함의 높이 2.44cm'를 제외하고 나머지는 1.3cm를 넘지 않아서 그 오차가 크지 않다는 것이 확인된다.[06]

05 국왕의 시책 내함의 경우 윗면에는 용, 몸체에는 혜호와 해마가 니금으로 그려져 있어서, 그 외 옥책 내함의 니금 그림 주제가 봉황과, 매죽난혜인 것과 구별된다.

06 국립고궁박물관 소장 옥책 내함 조사연구에 따르면(김미라, 앞의 논문, 2016), 〈표 1〉의 옥책 내함 외에 숙종, 영조, 정조, 순조, 헌종, 철종의 옥책 내함도 자료로 삼을 수 있겠으나, 숙종 옥책 내함의 경우 수리가 많이 된 상태라서 예시에 넣지 않았으며, 영조 이하로는 의궤에서 옥책 내함의 규격을 단지 '옥책의 크기에 따라서 제작한다.'라고만 기록하여 여기에서 생략하였다.

1자를 27.6cm로 하고 1치를 2.76cm로, 1푼을 0.276cm로 환산하여 〈문헌 1〉에 따라 〈경혜인빈 죽책 내함〉의 규격을 외측 기준으로 계산하면 다음과 같다.

〈경혜인빈 죽책 내함〉 외측 기준 규격

길이: 35.88cm <문헌 1>의 '안쪽 길이: 1자 3치'로 계산

너비: 27.324cm

높이: 33.12cm

반턱 높이 2푼: 0.552cm

뚜껑 내측의 높이 1치: 2.76cm

뚜껑 외측 높이 1치 6푼: 4.416cm

발의 높이 2푼: 0.552cm

위 산출 내역 중 길이는 〈문헌 1〉에서 바깥쪽 길이1자 1치 1푼가 안쪽 길이1자 3치보다도 짧게 기록되어 이를 기록 오류로 판단하고, 바깥쪽 길이를 1자 3치로 계산한 것이다. 발은 함 바닥에 붙은 다리를 지칭한 것이다. 옥책 내함 중에도 바닥에 봉발형반구형의 발이 달린 경우가 확인된다. 〈문헌 1〉에서 '바닥부터 함의 뚜껑까지의 높이'가 '함 높이'에서 2푼 더 높다고 기록되어 있으므로, 바닥에 2푼의 낮은 다리가 달려 있었을 것으로 추정하였다.

2) 백골 구조

죽책 내함과 옥책 내함의 백골 구조를 보면, 몸체 4개의 판의 연결을 사개 짜임하고 뚜껑과 만나는 단면은 맞댐으로 나타나는 경우와 단면이 45도의 연귀 맞댐으로 나타나는 경우 2가지를 확인할 수 있다〈표 2〉. 맞댐의 경우에는 뚜껑과 몸체가 만나는 부분에 2cm 가량 너비의 얇은 나무뚜껑받이를 몸체 안쪽에 둘러댄다. 연귀 맞댐의 경우는 몸체와 뚜껑이 만나는 부분에 몸체와 뚜껑에 반턱을 만드는 구조를 한다. 뚜껑받이와 반턱은 모두 뚜껑을 닫았을 때 위와 아래가 들어 맞도록 하는 역할의 구조물이다. 〈문헌 1〉에 반턱의 치수가 기록된 것으로 보아, 백골 구조는 연귀맞댐을 하고 반턱을 만들었음을 알 수 있다. 옥책 내함의 경우 백골구조에 시대 변천양상을 보이는데, 1700년 이전에는 주로 맞댐으로 하였고 그 이후로는 반턱에 연귀맞댐을 하게 된다. 〈경혜인빈 죽책 내함〉은 1755년경에 제작되었

으므로, 이 역시 옥책 내함 백골구조의 시기별 변화양상과 부합되는 것이다.

표 2　옥책 내함 백골구조의 2가지 예

| 기법 | 맞댐 | 연귀맞댐 / 반턱 |
|---|---|---|
| 뚜껑부분(도면) |  | 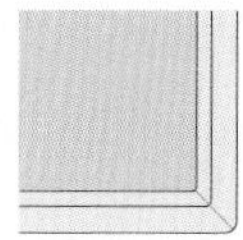 |

3) 칠과 니금 그림 장식

칠과 니금 그림 장식을 추론하기 위해서는 〈문헌 2〉의 재료 소입을 참고해 볼 수 있다. 이에 따르면 〈경혜인빈 죽책 내함〉은 왜주홍을 안료로 한 옻칠을 하였다는 것을 알 수 있다. 왜주홍칠의 주재료는 '매칠每漆 2홉, 전칠全漆 5홉, 왜주홍倭朱紅 1냥 2돈'이 해당된다. 전칠과 매칠에 대해서 그동안 명확히 구분하여 알려진 바는 없으며, 앞으로 더 깊이 있는 연구를 기다려야 할 것이다. 그런데 『조선왕조실록』과 『사계전서』 등의 문헌기록에 따르면[07] 매칠은 오늘날 정제된 투명칠 단계의 옻칠을 가리키고, 전칠은 그 이전 단계의 정제 생칠로 볼 수 있지 않을까 조심스럽게 추정해 본다. 즉 죽책 내함에 전칠로 밑칠을 하고 일본에서 수입한 주홍朱紅 즉 왜주홍을 정제된 투명칠인 매칠과 섞어 붉은 주칠로 장식했던 것으로 추정해 볼 수 있을 것이다.

07　김장생(金長生, 1548~1631), 『사계전서』 제 31권 「상례비요(喪禮備要)」, 초종(初終) 관(棺)을 만드는 제구, 목공(木工) 칠장(漆匠), "전칠(全漆) 7, 8홉이 필요한데, 전칠은 밀가루를 반죽하여 관을 봉합하는 곳에 바르는 것이다. 옻을 입힌 관에다 또 칠포(漆布)를 쓰려면 2되 가량이 필요하다."라고 하여 투명칠 이전 단계의 생칠을 '전칠'이라고 명칭하였던 것으로 볼 수 있다;
『영조정순왕후가례도감의궤(1759)』 「2방 의궤」 〈품목질〉, "연과 여 1좌를 마련할 때, 아홉 차례 칠하는 데 들어가는 물품- 첫 번째 전칠(全漆) 1되. 두 번째 전칠 1되. 세 번째 전칠 1되. 네 번째 전칠 1되. 다섯 번째 전칠 2되. 여섯 번째 전칠 2되. 일곱 번째 전칠 2되. 여덟 번째 매칠(每漆) 2되. 아홉 번째 매칠 2되. 왜주홍(倭朱紅) 10냥" 이라고 하여 전칠이 매칠의 이전 단계 칠이라는 것을 알 수 있다.

이때 왜주홍의 함량에 따라 선홍빛의 채도도 달랐을 것이다. 국립고궁박물관 소장의 〈표 1〉의 옥책 내함과 〈영조 옥책 내함〉(1776), 〈정조 옥책 내함〉(1800)이 등장하는 각각의 의궤에는 붉은 칠에 포함된 왜주홍의 함량을 밝히고 있다. 각각의 왜주홍 함량과 칠 표면의 면적을 계산한다면, 〈경혜인빈 죽책 내함〉의 왜주홍빛을 산출해 낼 수도 있을 것이다.

니금 그림에 사용된 재료 소입의 내용은 〈문헌 2〉의 '화필畵筆 1자루, 녹각교 2돈, 니금 1돈'이며, 그림 주제 설명은 〈문헌 1〉의 "니금으로 덮개 위에는 구름과 봉황을 그리고 앞과 뒤에는 매화와 대나무를, 좌우에는 난초를 그린다."라고 풀이되어 있다. 이것은 국왕의 옥책 내함과 같은 특별한 경우를 제외하고, 옥책 내함에 동일하게 나타나는 그림 주제이다〈도 1~3〉.

4) 금속장식

죽책 내함에 달리는 금속장식은 먼저 뚜껑의 운두 부분에 장착되는 낙목과 낙목 바탕, 그리고 낙목 아래 끝이 끼워지는 부분으로 몸체에 붙어 있는 배목과 배목 바탕이 있다. 그리고 백골의 이음 부분을 단단하게 잡아주는 금속장식으로 감잡이가 있고, 뒷면에는 경첩이 있다.

옥책 내함에서 금속장식은 시기별로 뚜렷한 변화양상이 확인된다. 특히 배목바탕과 경첩에서 보다 명확하게 보인다.[08] 국립고궁박물관 소장 옥책 내함 경첩의 시기별 양식 변천을 살펴본다면 다음과 같이 요약할 수 있다. 17세기 중후반~18세기 전반에는 경첩의 위아래가 6번 꺾이는 6곡의 형태였는데, 18세기 중반~19세기 초의 시기에는 4곡으로 변화한다. 그리고 19세기 초 이후로는 사각 경첩으로 변형되어 곡선으로 꺾이는 형식은 나타나지 않게 된다. 경첩 안에 장식된 조이질 문양도 변화 양상을 보이는데, 18세기 중반 〈경혜인빈 죽책 내함〉 제작 시기에 해당하는 옥책 내함의 경우 '4곡의 경첩' 형태 안에 연꽃과 연잎혹은 초화문, 어자지문을 조이질 하였다.

그리고 배목바탕의 경우는 17세기 후반까지는 꽃잎형 배목바탕 2개가 낙목이 끼워지는 부분에 간격을 두고 떨어져 있다가 18세기 전반에는 두 개의 배목바탕 사이의 간격이 없어지고 붙게되는 현상이 보이며, 18세기 중후반에는 하나로 이어지는 특징을 보이게 된다. 즉 18세기 중반 제작의 〈경혜인빈 죽책 내함〉의 배목바탕은 하나로 이어진 꽃잎형 배목이었을 것이라는 것을 추정할 수 있다. 〈문헌 2〉

에 따르면, 금속장식 재질은 황동과 함석을 합금하여 제작하였던 것으로 보인다.

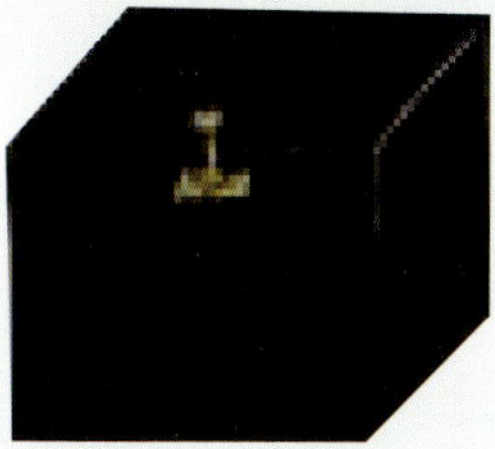

도 4
죽책 흑칠 외궤(『경혜인빈상시봉원도감의궤』)

도 5
숙종계비 인원왕후 가상존호 옥책 외궤
1751 | 세로 31.1cm , 가로 38.5cm, 높이 38.7cm
국립고궁박물관 소장

지금까지 현전 옥책 내함과 견주어 〈경혜인빈 죽책 내함〉의 백골구조와 규격, 칠과 니금 그림, 금속 장식의 내용과 형태에 대해 추론을 시도하였다.

죽책 내함을 담았던 외궤의 경우는 〈문헌 3〉에서 보는 바와 같이 호조에 있었던 것을 다시 사용한 것으로 현재 그 형태를 추론할 문헌 근거는 남아 있지 않다. 다만 의궤 도식에서 그 형태를 볼 수 있는데〈도 4〉, 그 단순한 형태는 비슷한 시기에 제작된 국립 고궁박물관 소장의 옥책 외궤와 견주어 크게 다르지 않아 보인다〈도 5〉.

문헌 3 『경혜인빈상시봉원도감의궤』, 품목질

흑칠 외궤黑漆外樻 1부
"호조에 있는 것을 그대로 사용하였기 때문에 들어가는 잡물에 대하여 길이, 너비, 수량을 마련하지 않았다. 나중에 《책보도식冊寶圖式》을 살펴보라."

08 김미라(앞의 논문, 2016), 145~148쪽.

외궤의 책보도식〈도 5〉도 품목질에 등장한다. 당시 형태를 도식으로 온전하게 기록하였다고 보기는 어려우나, 비교적 상세한 묘사가 확인된다. 낙목의 머리 부분이 〈도 5〉와 흡사할 것으로 보이며, 아래에는 사각형태의 자물쇠가 달려 있다.

외궤에 대해서 그동안 연구 보고가 된 바가 거의 없어서 더 이상의 추론은 불가하지만, 〈도 5〉과 같은 현전 유물에서 내함과 구별되는 형태를 확인할 수 있다. 외궤에 관해서는 앞으로 더 나아간 연구를 기대해 본다.

이상에서 서울공예박물관 소장, 〈경혜인빈 죽책〉이 담겼던 당시의 내함과 외궤의 형태를 국립중앙박물관의 『경혜인빈상시봉원도감의궤』의 문헌 기록과 국립고궁박물관 소장의 옥책 내함의 형태를 근거로 추정해 보았다. 하지만 이것은 단지 그 시도에 의의가 있는 것으로, 앞으로 더 많은 연구와 자료발굴의 과제가 남겨져 있음을 밝혀둔다.

죽책은 옥책과 함께 왕실의 권위를 상징하는 의물로서, 이것을 담아 보관하였던 내함 역시 왕실을 위해 종사했던 뛰어난 솜씨를 갖는 소목장과 칠장, 두석장, 그리고 화원이 협업하여 완성한 대표적인 왕실공예품이다. 특히 〈경혜인빈 죽책 내함〉은 죽책을 담는 함임에도 불구하고, 이례적으로 왕이나 왕비를 위해 제작한 옥책 내함과 같이 주칠의 함으로 만든 당시의 역사적 배경이 주목된다. 그리고 프랑스에서 반환되어 국내에 소장하게 된 『경혜인빈상시봉원도감의궤』의 기록이 바탕이 된다는 사실 또한 우리에게 시사하는 바가 클 것이다. 이와 맞물려서 안타깝게도 지금은 남아 있지 않은, 주칠과 니금 그림의 화려한 장식으로 꾸몄던 〈경혜인빈 죽책함〉에 대한 복원연구는 매우 의미 있는 일이 될 것이다.

# IV

## 〈경혜인빈 상시호 죽책〉 자세히 보기

인빈 김씨의 추숭 의례를 준비하기 위해
'상시봉원도감'에 소속된 관원과 장인의
수많은 노력이 있었다.

그 전모를 의궤 기록을 통해 파악하고,
의미를 되새겨본다.

# 누가 만들었을까?

1 조직 구성과 분업 체계

2 죽책을 만든 장인

# 1 조직 구성과 분업 체계

## 인빈 추숭의 총괄 기구, 상시봉원도감上諡封園都監

조선 왕실에서는 국가 행사를 준비할 때 임시 관청인 '도감都監'을 설치하였다. 기한이 정해진 특정 국가사업을 목적으로 설치되었으므로 도감에 소속될 관원과 장인은 상설기구에 속한 인원 중 적합한 자를 차출하여 배정했으며 의례 거행이 끝나면 도감은 해체되었다.

국가 기구로서 도감의 실체는 고려 시대부터 확인된다. 고려 시대에는 도감의 기능이 비대하여 교정도감, 식목도감과 같이 상설기구와 같은 기능을 담당하기도 했다. 조선시대에 도감은 훈련도감처럼 상설기구화된 경우도 있지만 주로 일시적인 왕실 의례를 위해 설치되었다. 의례 성격에 따라 임금의 사후에 생전 기록을 정리하여 실록實錄을 편찬하기 위한 실록도감[實錄廳], 왕실 구성원의 책봉 의례를 주관한 책례도감冊禮都監, 왕과 왕비의 국혼을 관장한 가례도감嘉禮都監, 왕이나 왕비가 죽은 뒤 장례가 끝나면 능침陵寢을 세우기 위한 산릉도감山陵都監 등 종류가 다양하였다.

도감에 소속된 관원의 직책은 도감의 성격에 따라 다르지만, 주로 겸직이나 임시직의 성격을 띠었다. 이들의 직책 체계를 살펴보면 총괄 책임자인 도제조都提調와 제조提調, 실무 관료인 낭청郎廳, 책임 실무관인 도청都廳, 현장을 감독하는 하급 실무관인 감조관監造官·감역관監役官·별간역別看役 등으로 구성되었다.[80] 관원의 감독 아래에서 의례 물품을 제작하는 장인은 주로 왕실에 소속된 경공장京工匠이 동원되었으며, 필요한 경우 지방 관청 출신의 외공장外工匠이나 기관에 소속되지 않고 개인적으로 활동하는 사장私匠을 동원하기도 했다. 의례 시 필요한 물품의 성격에 맞는 전문 기술을 보유한 장인을 선정했으며 기한 내에 작업을 마칠 수 있도록 기물의 제작 수량에 비례한 인원수를 배정하였다.

인빈 김씨의 추숭 의례에는 전담 기구로서 '상시봉원도감上諡封園都監'이 임시로 설치되어 행정과 실무를 총괄하였다. 1753년영조 29 숙빈 최씨를 추숭하는 과정에서 죽책과 은인을 제작하여 시호를 올리는 상시도감上諡都監과 묘소를 원소로 조성하는 봉원도감封園都監을 합설하여 상시봉원도감을 설치하였는데, 이것이 인빈 김씨의 추숭 시에도 적용된 것이다.[81] 상시봉원도감은 전체 업무를 관할하는 도청都廳과 부속 기관인 각 소所와 별공작別工作으로 구성되었다. 각 소는 죽책과 은인 등의 물품 제작을 담당한 책인조성소冊印造成所, 인빈 김씨의 사당인 저경궁의 건립을 맡은 묘우조성소廟宇造成所, 무덤인 순강원의 건립을 전담한 원소조성소園所造成所 등 전문 분야에 따라 역할을 분담하여 설치되었다. 별공작은 각 소에서 물품을 제작하거나 건물을 조성할 때 필요한 각종 도구를 제공하고 장인이 작업할 임시 거처[假家]를 마련하는 등 각 소의 업무를 보조하였다.

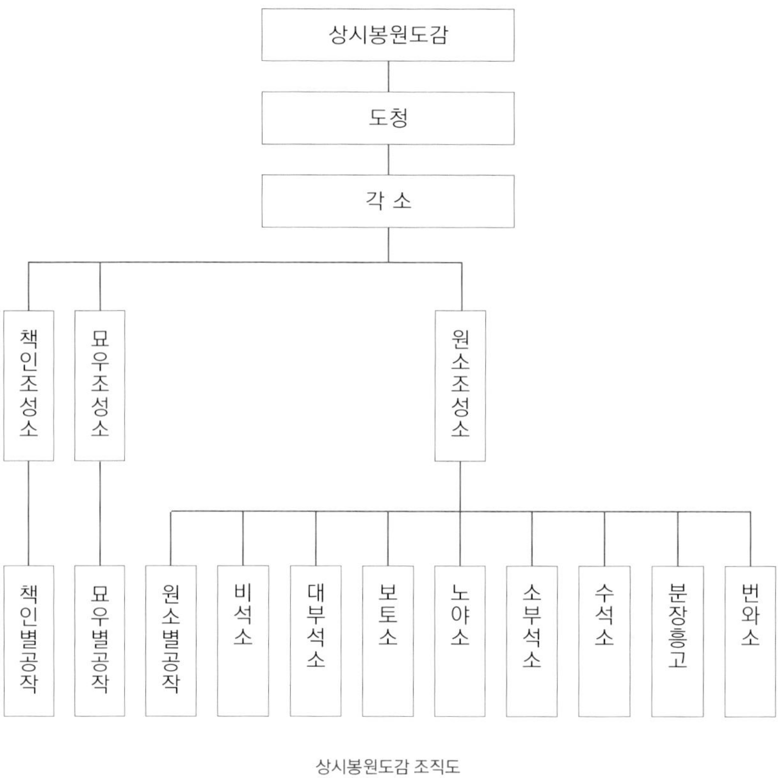


상시봉원도감 조직도

## 상시봉원도감 각 소의 담당업무

| 소 | 담당업무 |
| --- | --- |
| 1 책인조성소冊印造成所 | 죽책과 은인 등 시호를 올리는 의례를 거행하기 위해 필요한 각종 물품의 제작을 담당했다. 보조 기구로 책인별공작冊印別工作을 두었다. |
| 2 묘우조성소廟宇造成所 | 사당인 저경궁의 본 건물과 전사청典祀廳, 제기고祭器庫 등 부속 건물들을 새로 조성하고 건물 안에 배설할 신탑神榻, 향궤香櫃 등 각종 물품을 만드는 일을 담당했다. 보조 기구로 묘우별공작廟宇別工作을 두었다. |
| 3 원소조성소園所造成所 | 묘소인 순강원 내에 설치한 부속 건물인 정자각丁字閣과 비각碑閣, 재실齋室 등의 조성을 담당했다. 보조 기구로 원소별공작園所別工作을 두었다. |
| 4 비석소碑石所 | 표석表石과 신도비神道碑 등 순강원에 설치할 각종 비문碑文을 작성하고 새기고 운반하는 전체 과정과 부속 건물인 비각碑閣의 건립을 담당했다. |
| 5 대부석소大浮石所 | 원소 앞에 두어 잡귀를 물리치는 벽사辟邪의 역할을 하는 양석羊石·호석虎石·마석馬石 1쌍과 통행을 위해 바닥에 얇게 깔린 돌길인 박석薄石과 같이 순강원에 놓일 석물을 새로 조성하고 원소 주변을 둘러싼 석재 담장인 곡장曲墻을 손보는 일을 담당했다. |
| 6 보토소補土所 | 흙을 옮기고 쌓아 원소의 봉토를 돋우는 일을 담당했다. |
| 7 노야소爐冶所 | 정자각·대부석소·소부석소 등에서 필요한 각종 철물의 제작을 담당했다. |
| 8 소부석소小浮石所 | 대부석소에서 담당한 주요 석물 외에 정자각, 재실 등에 들어갈 석재 부속품의 제작을 담당했다. |
| 9 수석소輸石所 | 썰매와 같은 기구를 이용하여 각종 석물을 순강원으로 수송하는 일을 담당했다. |
| 10 분장흥고分長興庫 | 의례 물품의 마련에 부수적으로 필요한 우비와 깔개 등 각종 물품의 조달을 담당했다. |
| 11 번와소燔瓦所 | 원소에 세워질 정자각이나 비각 등 각종 건물에 들어갈 기와와 벽돌의 제작을 담당했다. |

상시봉원도감에 부속된 각 소 중에서 죽책의 제작은 책인조성소에서 담당했다. 책인조성소에서는 죽책과 죽책을 포장할 겹유보와 책갑, 내함과 외궤를 비롯하여 인빈 김씨의 시호를 새긴 은인, 인통·주통·인록·주록·호갑, 의례를 거행할 때 죽책을 넣은 함을 올려두는 배안상排案床, 책문을 낭독할 때 죽책을 놓을 독책상讀冊床 등 시호를 올릴 때 필요한 각종 의례 물품을 제작하였다.

이처럼 다양한 의례 물품을 제작하기 위해서는 관원을 배정하여 정해진 일정에 맞추어 공정을 관리할 필요가 있었다. 책인조성소에 배정된 관원으로 실무를 관장하는 낭청郎廳 1명병조정랑 이경옥李敬玉, 공사를 관리 감독하는 책임 감조관監造官 1명부사용 조재한趙載翰과 죽책 제작을 책임지는 별간역변이진卞爾珍·최진강崔震崗, 그 외에 실무를 담당하는 서리최창윤崔昌胤 등 4명·서원김신성金信聖·사령공금윤孔金伊 등 5명 등의 원역員役이 있었다.

---

## 별간역別看役 변이진卞爾珍

책인조성소에 배정된 관원 중 별간역別看役은 의례 물품을 제작하는 장인들과 현장에서 직접 마주하며 제작에 관여하였기에 제작 경험을 갖추어 공예 기술에 대한 이해도가 높고 의례에 참여한 경험이 많은 사람이 필요하였다. 특히 별간역 중 변이진은 영조 대 가장 잘 알려진 기술자 최천약崔天若에 비할 정도로 유명한 인물이었다.

변이진의 생몰년은 밝혀져 있지 않지만, 그에 관한 기록은 1731년영조 7 영의정 홍치중洪致中이 "변이진은 손재주가 최천약과 비등하다."고 언급한 내용부터 확인된다.[82] 같은 해 8월에는 인조비 인열왕후仁烈王后의 재궁梓宮에 가칠할 때 칠이 들뜨는 문제가 발생했는데 변이진이 칼로 칠을 긁어내고 강한 숫돌로 갈아내는 방안을 제안하여 영조가 주목한 바 있다.[83] 이 외에도 1736년영조 12 사도세자를 왕세자로 책봉할 때 옥인과 옥축玉軸을 제작하고,[84] 1740년영조 16 효종에게 시호를 올릴 때는 옥책과 금보를 제작하는 등 각종 도감에 참여하여 왕실 의례 준비에 다방면으로 기여하였다.[85] 1755년영조 31 인빈 추숭 때에도 당대 최고의 기술자였던 변이진을 동원하여 의례 준비에 심혈을 기울였음을 보여준다.

---

| | | | |
|---|---|---|---|
| 시호 죽책<br>諡竹冊 |  | 책갑<br>匣 |  |
| 화금왜주홍칠내함<br>畫金倭朱紅漆內函 |  | 흑칠외궤<br>黑漆外櫃 |  |
| 흑칠배안상<br>黑漆排案床 |  | 흑칠독책상<br>黑漆讀冊床 |  |
| 은인<br>銀印 |  | 인통<br>印筒 |  |
| 주통<br>朱筒 |  | 인록<br>印盝 |  |
| 주록<br>朱盝 |  | 호갑<br>護匣 | 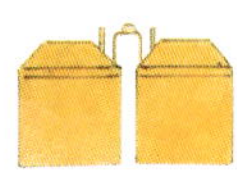 |
| 흑칠배안상<br>黑漆排案床 |  | 흑칠독인상<br>黑漆讀印床 |  |

『경혜인빈상시봉원도감의궤』에 기록된 책인조성소 제작 의례 물품 도설

# 2 죽책을 만든 장인

## 조선 왕실의 장인, 경공장京工匠

조선은 건국 초기에 전국 각지의 장인들을 관청에 소속시켜 관리하였다. 왕실과 중앙관청에 소속되어 서울에서 활동하는 장인을 경공장京工匠, 지방 관청에 소속되어 필요한 물품을 만드는 장인을 외공장外工匠이라 했다. 어디에도 속하지 않고 사사로이 활동하는 장인은 사장私匠이라 했다. 국가 공역에서 건축물 조성, 의례 물품 제작 등 전문 기술이 필요한 업무가 발생할 경우 경공장을 동원했으며 필요한 경우 외공장이나 사장을 배정하기도 했다. 인빈 김씨의 시호 죽책을 제작할 때 책인소성소에 소속된 장인들은 모두 왕실과 중앙관청에 소속된 경공장이었다. 이번 도감이 첫 활동인 장인부터 약 50년간 활동한 장인까지 경력이 다양하였다.[86]

## 죽책을 만든 장인들

### 죽간의 가공

① 사립장斜笠匠

김세위金世緯

사립장은 대나무를 엮어 갓을 만들던 장인이다. 죽책 제작 시 청대죽靑大竹을 일정한 두께의 대쪽으로 자른 다음 물에 푹 삶아서 터지지 않게 하고, 삶아낸 대쪽을 건조한 후 피죽만 남기고 일정한 두께로 다듬어 죽간을 만들었다. 사립장 김세위는 영조 대에 36년 동안 19곳의 도감에 참여하였으며 사장으로서 참여한 이력도 확인된다.

② 가칠장假漆匠

이만빈李萬彬, 김성대金成大

가칠장은 건축물에 단청을 시공할 때 밑칠을 하는 장인으로 알려져 있는데, 함이나 상탁床卓 등 각종 나무 기물에 가칠假漆하는 일까지 범주가 다양하였다. 칠漆은 옻칠을 의미하기 때문에 가칠은 그 외의 칠을 일컫는 단어로 사용되었다. 주로 명유明油*를 뜻했으므로 가칠장을 유칠장油漆匠이라 일컫기도 했으며 옻칠을 사용하는 칠장漆匠과 구분하였다.[87] 가칠장은 사립장이 만든 죽간 위에 붉은 칠[朱漆]을 하고 명유로 가칠하여 반지르르 한 질감을 내었다.

## 글씨 새김

① 사자관寫字官

홍성원洪聖源, 박상춘朴尙春, 김악령金岳齡, 팽윤彭潤, 김창서金昌瑞, 박태렴朴泰廉, 조복趙復

사자관은 서사관이 정서한 글씨를 죽편 위에 베껴 쓰는 장인이다. 서사관은 제술관이 지은 글을 양식에 맞게 정서하는 역할이라면, 사자관은 서사관이 베껴 쓴 글을 죽책에 새기기 위해 다시 정서한다는 점에서 차이가 있다. 또한 서사관은 옥책, 죽책, 교명과 같이 국가적으로 중요한 의례 문서를 전문적으로 정서하기 위해 기존 관리 중에서 겸직으로 배정한다면, 사자관은 교정청 등 문서를 생산하는 기관에 소속된 상설직인 점에서도 다르다. 참여한 사자관 중 홍성원은 23년간 11회 활동한 영조 대의 대표 장인으로 주목된다.

* 명유(明油) : 들기름에 무명석(無名石), 황단(黃丹), 백반(白礬)을 넣고 끓여 만든 기름

② 각수刻手

김수해金壽海, 유대창劉大昌, 한복만韓福萬, 우정필禹廷弼, 안세언安世彦, 류도창劉道昌, 이시태李時泰, 박운수朴雲秀, 남태백南泰伯, 송덕재宋德才, 김치학金致鶴, 지한상池漢相, 김필운金弼雲

각수는 나무나 돌과 같은 각종 재료에 글자나 그림을 새기는 장인이다. 사자관이 종이 위에 바르게 쓴 글씨를 죽간 위에 붙이고, 거기에 맞게 칼[刀子]로 파내어 새겼다. 이중 우두머리인 도각수都刻手 김수해는 영조 대 활동했던 대표적인 각수로 47년간 각종 도감에 27회나 참여한 이력이 있다. 유대창은 41년간 21회, 우정필은 36년간 15회 활동하는 등 국가 의례 준비에서 필수 장인인 각수는 주로 경력이 오래된 장인을 선발하여 구성하였다.

③ 도자장刀子匠

김봉익金鳳益, 정득형鄭得亨, 안정민宋廷敏, 이동창李東昌, 박치무朴致武, 이춘흥李春興, 송이토리宋二土里, 김정서金廷瑞, 김중강金重强, 이말로미李㐎老味, 김동이金同伊, 임만갑林萬甲, 박사옥朴師玉

도자장은 작은 손칼 종류를 만드는 장인으로 각수가 죽간 위에 글씨를 새길 때 사용하는 새김칼[刻刀]의 끝을 날카롭게 벼리는 역할을 했다. 각수와 도자장은 각 13명으로 각수 1명당 도자장 1명이 배정되어 1:1로 협업 관계를 형성하였다. 22년간 14회 활동한 김봉익을 제외하면 경력이 5년 내외로 활동기간이 짧았다. 송이토리, 이말로미와 같은 이름을 미루어 보았을 때 천민 신분의 장인도 포함되었다.

④ 화원畫員

김성오金省吾, 장상주張尙周, 허담許倓, 이성린李聖麟, 조정벽趙廷璧, 유광택劉光澤, 변광익卞光翼

화원은 도화서에 소속되어 그림 그리는 일을 하던 장인이다. 죽책 제작 시 각수가 새긴 글씨를 니금泥金으로 메우는 작업에 참여했다. 변철에 새기기 위한 넝쿨무늬의 밑그림을 담당하기도 했다. 28~33년간 도감에 참여한 허담과 이성린 외에는 활동기간이 7~8년 이내로 짧은 편이다.

## 죽간의 회장

### ① 두석장豆錫匠

장후선張後先, 김순징金順徵, 이순노미李順老味

두석장은 가구나 건축의 금속 장식인 장석裝錫을 제작하는 장인이다. 죽간 위에 붉은 비단[紅廣的]을 올린 다음 그 위를 숙동熟銅으로 만든 변철로 둘렀다. 죽책 제작에 참여한 두석장은 모두 20~30년 이상 각종 도감에 참여하여 활동한 영조 대의 대표 장인이었다.

### ② 금장金匠

이원엽李元燁, 서치상徐致相

금장은 금을 세공하는 장인이다. 각수가 새긴 글씨에 채울 니금泥金을 제작하고 두석장이 만든 변철에 도금하는 일을 맡았다. 이들은 다른 도감에서 금박을 붙이는 부금장付金匠으로도 활동했다.

### ③ 천혈장穿穴匠

황세태黃世太, 한복금韓福金

천혈장은 구멍을 뚫는 장인이다. 두석장이 죽간을 이어 천을 올리고 변철을 두르면 천혈장이 죽간의 위아래에 일일이 구멍을 뚫었다. 구멍의 앞뒤로 둥근 못을 박고, 죽간을 엮어 만든 각 첩의 사이를 둥근 고리[圓環]로 연결하였다.

### ④ 책장冊匠

김세광金世光

책장은 책을 엮어 만드는 장인이다. 죽책의 1첩과 10첩의 바깥 표지면에 종이로 배접한 붉은 비단을 녹각교鹿角膠로 발라 도배하여 책으로 꾸몄다. 책장 김세광은 교서관校書館 소속 장인으로 12년간 도감에 5회 참여하였다.

## 격유보·책갑 제작

① 침선비針線婢

차애次愛, 봉월鳳月, 분애粉愛, 도화桃花

침선비는 바느질을 담당했던 여성 장인이다. 색색의 비단을 재단하여 속감으로 종이를 넣고, 비단실로 꿰매어 격유보와 책갑 등을 제작했다. 차애와 봉월은 공조工曹, 분애와 도화는 상의원尙衣院 소속이었다. 차애는 23년간 도감에 18회 참여할 정도로 영조 대에 활동이 활발했던 장인이었다.

② 단추장丹樞匠

이성휘李成輝

단추장은 상아로 단추를 만드는 장인이다. 죽책을 싸는 책갑의 사방에 달린 상아象牙 단추를 제작했다. 단추장 이성휘는 조선시대 단추장 중 가장 처음으로 의궤에 활동이 기록된 장인으로 특기할 만하다.

③ 관자장貫子匠

김태수金太壽, 김태복金太福

관자장은 망건에 달아 당줄을 꿰어 매는 작은 고리를 만드는 장인이다. 실을 두툼하게 엮어 책갑으로 죽책을 쌀 때 상아 단추를 고정할 단춧고리를 만들었다.

④ 요장褥匠

이유복李有福

천에 솜을 채워 이불과 같은 침구류를 만드는 장인이다. 바느질하는 봉조군縫造軍과 함께 붉은 비단에 풀솜을 채우고 붉은 실로 꿰매어 격유보를 만들었다.

## 장인의 시상施賞

조선 왕실에서는 의례가 끝나면 참여한 관원과 장인에게 등수를 매겨 포상을 차등 지급하였다. 등수는 1등부터 3등까지 매겨졌으며 부여 기준은 기술적 난이도가 높거나, 도감에서 활동한 일수가 길거나, 경력이 오래되어 기술이 숙련되거나 기여도가 높은 자 등 다양하였다.

『경혜인빈상시봉원도감의궤』 계사질啓辭秩에 기록된 인빈 김씨의 추숭의례에서 상시봉원도감에 참여한 장인 중 시상된 장인의 등수와 인원, 명단은 다음과 같다. 시상된 장인 51명 중 죽책을 제작한 책인조성소에 소속된 인물은 사립장 김세위, 각수 김수해, 두석장 장후선 등 35명이다. 상시봉원도감에 부설된 각 소에 소속된 장인의 수가 모두 600여 명이며, 대부분 목수·석수·니장 등 건축 분야의 장인임을 고려한다면 죽책과 같은 의례 물품을 제작하는 업무가 기여도를 가장 인정받았다고 해석해볼 수 있다.[88]

| 등수 | 종별 / 인원수 | 장색(匠色) 및 성명 |
|---|---|---|
| 1등 | 6종 / 8명 | 화원 김신성, 소목장 김일주, **사립장 김세위, 각수 김수해 등 3명, 두석장 장후선**, 칠장 강수징 |
| 2등 | 9종 / 22명 | **사자관 홍성원 등 2인, 화원 김성오 등 2인, 천혈장 황세태, 각수 유태창 등 5명, 두석장 김순징 등 2명, 도자장 김봉익 등 5명**, 동장 이의휘 등 2명, 다회장 서태석, 관자장 김태수 등 2명 |
| 3등 | 11종 / 21명 | 부금장 이원화 등 2명, **각수 한복만 등 4명**, 도자장 유득해 등 2명, 책장 이세번, **요장 이유복, 가칠장 이만빈**, 천혈장 한이금 등 2명, **침선비 차애 등 4명**, 칠장 김중태 등 2명, **단추장 이성휘**, 두석장 이한추 |

# 어떻게 만들었을까?

1 재료

2 제작과정

3 장인이 사용한 도구

# 1 재료

죽책에 들어간 재료는 죽간을 만들기 위한 청대죽 60절[靑大竹六十節], 죽간 위아래를 감쌀 붉은 비단 8치[衣次紅廣的長八寸], 변철을 만들고 도금할 숙동[熟銅]과 황금 3돈[鍍黃金三錢], 글씨를 꾸밀 니금 6돈 5푼[泥金六錢五分]으로 정리할 수 있다.[89] 여기에 책갑과 격유보를 제작할 때 들어간 붉은 비단[홍방주紅方紬·홍광적紅廣的]과 푸른 비단[남경광주藍輕光紬], 책갑의 단추를 이루는 재질인 상아 등이 해당한다.

조선 왕실에서 사용한 공예 재료는 전국 각지로부터 진상되어 해당 물품과 관계된 전담 부서에서 관리하였는데, 대체로 건축물과 선박의 공사 및 물품 제작에 관한 일을 맡은 공조工曹의 관할이었다. 공조에 배정된 물품은 같은 종류의 물품이라 하더라도 용도에 따라 구분하여, 소속된 각 기관의 성격에 맞게 전달되었다. 죽책의 죽간 재료로 사용된 대나무가 대표적인 사례이다. 가늘고 길어 가공이 용이한 대나무는 선공감繕工監에서 활과 화살 등 공예품의 재료로 보관되었던 반면 두께가 두껍고 진액을 많이 함유한 대나무는 약재로서 내의원內醫院에서 관리하였다. 매달 정기적으로 진상되는 것 외에도 왕실 의례를 위해 수시로 재료를 조달하였는데, 필요한 재료 목록을 생산 지역에 수배하여 가장 좋은 품질의 재료를 확보하였다.

대나무 채취 모습 | 국립무형유산원

조선 왕실에서 청대죽은 일반적으로 약재로서 내의원內醫院에서 죽력竹瀝*을 추출하여 어약御藥으로 사용했는데, 필요한 경우 공예품의 재료로도 쓰였다. <경혜인빈 상시호 죽책>에 사용된 청대죽도 선공감繕工監에서 진배한 청대죽의 규격이 죽책을 만들기에 적합하지 않아 내의원에 보관되어 있던 것을 가져다 썼다.[90]

청대죽은 쓰임이 많은 요긴한 약재였으므로 매달 산지인 양남兩南(전라도와 경상도) 지역에 월령月令을 내려 진상하게 했다. 국가에서 대밭[竹田]을 관리하는 임장任掌을 지정하여 감독하게 하고 개체 수와 이를 보관하는 창고 수를 중앙으로 올려 보고하게 하였다.[91] 양질의 죽력을 확보하기 위해 진상할 청대죽의 규격을 견양見樣으로 정하여 둘레와 치수가 적힌 견본의 크기에 맞추게 했으며[92], 품질이 낮거나 규격이 견양에 미치지 못하면 관리를 추고推考할 정도로 엄정히 관리하였다. 진상 과정에서 폐단이 빈번하여 청대죽이 중인의 집 몇 채에 맞먹을 정도로 고가로 취급되기도 했다.[93]

청대죽은 귀한 약재이므로 필요한 경우에만 공예품의 재료로 사용하고, 부채를 만드는 선죽扇竹, 내궁방內弓房에서 활과 화살을 만드는 전죽箭竹 등 공예품에 사용되는 대나무 종류는 선공감繕工監에서 별도로 구분하여 관리하였다. 의례 시 죽책을 만들 때는 선공감에서 마디가 길고 단단한 대죽大竹을 선별하여 진배進排했는데, 크기가 충분하지 않다고 판단되면 내의원의 청대죽을 가져다 사용하였다.

* 죽력(竹瀝) : 대나무의 줄기를 불에 구워서 받은 진액.

## 금[泥金]

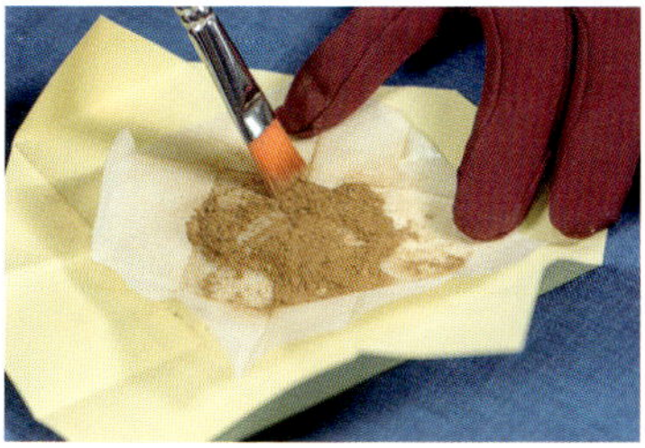
금분

금은 예로부터 의례품이나 사치품에 사용된 귀한 공예 재료이다. 고대서부터 금은 강가에서 사금砂金을 채취하여 얻었는데[94], 조선시대에는 함경도와 강원도 부근의 금광에 전문 관리를 두어 채굴하거나[95], 중국에서 가공된 상태의 광물을 수입하기도 했다[96]. 금은 원석이나 광물을 얻어 다양한 형태로 가공하는데, 조선 왕실에서는 금속으로 된 바탕에 얇게 입혀 도금鍍金하는 금박[貼金], 보자기의 네 귀퉁이에 매달아 장식하는 금전지金箋紙, 글씨나 그림을 그려 장식할 때 사용하는 니금泥金 등이 있다. <경혜인빈 상시호 죽책>에는 죽간에 새긴 글씨를 메울 때 니금이, 동으로 만든 변철에 도금할 때 황금이 사용되었다. 금을 다루는 장인으로 『경국대전經國大典』에 금박장金箔匠이 확인되며 의궤에서는 금장金匠과 부금장付金匠이 파악되어 역할이 세분되었음을 알 수 있다.

죽책 글씨를 메울 때 사용된 니금泥金은 아교에 금가루를 개어 만든 것이다. 불경, 책문, 비석에 글자를 새기거나 내함과 같은 공예품에 그림을 그려 장식할 때 사용되었다. 중국 명말청초의 화보집인 『개자원화전芥子園畵傳』에 "금박을 한 장씩 그릇에 넣어 손가락으로 둥글게 비벼 갈아낸 뒤 약한 불로 데우면 불순물이 제거된 금가루[金粉]만 그릇에 가라앉는데 여기에 아교 물을 붓고 농도를 조절해서 니금을 사용한다."라고 했다.[97]

## 동[熟銅]

구리 | 국립무형유산원

동은 죽책의 첩 위아래를 감싸는 변철邊鐵, 원환圓環, 두정頭釘의 주재료이다. 조선시대에 사용한 동 금속의 종류로 유동鍮銅, 적동赤銅, 황동黃銅 등이 확인되는데, 이중 죽책에 사용된 숙동熟銅은 제련되어 순도가 높은 동을 일컫는다. 붉은빛을 띠어 홍숙동紅熟銅으로 불리기도 했다.[98] 동은 조선 왕실 의례 때 함의 장석, 자물쇠, 갈고리[鉤子], 편종, 은관자銀灌子, 은우자銀盂子, 금보金寶, 보통寶筒 등 금속 기물의 바탕을 제작할 때 사용되었다.[99]

조선에서는 태종 대부터 채방사採訪使를 파견하여 동광銅鑛을 조사하고, 채굴량에 따라 공납 물량을 배정하였다. 세종 때 원석인 동석銅石을 전국적으로 탐사하였는데 경상도 일대에 동광의 수와 채굴량이 많았다. 동석의 채굴 지역을 추가로 확보하기 위해 동이 산출되는 지역을 신고하면 현물로 포상하는 제도를 두었다. 지역별로 동의 성질이 다르므로 관리를 파견하여 일본에서 전래된 초철법炒鐵法을 사용하여 제련의 난이도를 시험하였다.[100] 은장銀匠, 동장銅匠 등 금속을 다루는 장인들이 채굴에 관여하기도 했다.

## 홍화[紅花]

말린 홍화 | 국립무형유산원

죽책 제작 시 첩의 위아래 막이와 격유보에 사용된 홍광적紅廣的, 책갑의 겉면에 대어진 홍방주紅方紬 등 붉은 비단의 종류가 다양하게 사용되었다. 이들 천은 붉은 염료로 물들인 것으로, 비단의 종류인 광적廣的과 명주[紬]에 속한다. 크기를 앞에 붙여 대홍광적大紅廣的·대홍방주大紅方紬로, 색에 따라 다홍광적多紅廣的·다홍방주多紅方紬·진홍방주眞紅方紬 등으로 불렸다. 조선 왕실에서 의복 또는 보자기를 만드는 재료와 함과 같은 기물의 내부를 배접하는 안감으로 사용하였다.

『승정원일기』 1637년인조 15 8월 21일 기록에 '대홍주 10필을 물들일 홍화[衣服次大紅紬十疋所染紅花]'라는 대목이 확인되어 비단을 붉게 염색할 때 사용하는 염료 중 하나로 홍화紅花가 사용되었음을 알 수 있다.[101] 홍화는 매년 산지로부터 공물로 수급하였는데, 물량이 부족할 경우 수입하여 필요 수량을 충족하였다.[102] 홍화 외에도 왕실에서 사용했던 붉은색 염료로 소목, 매실, 심황 등이 있다.[103] 의궤에 염색을 담당하는 장인으로 염장染匠과 여성 장인인 염모染母가 확인되며, 『경국대전』에 붉은색 염료를 관장하는 홍염장紅染匠이 기록되어 있어 색상에 따라 전문적으로 분업했던 것으로 여겨진다.

## 쪽[藍]

쪽풀 | 국립무형유산원

쪽으로 염색하는 과정 | 국립무형유산원

남경광주는 책갑의 안쪽 면에 덧댄 재료로, 쪽[藍]으로 염색한 명주[紬]를 일컫는 남주藍紬의 종류이다. 『본초강목』에 "남藍은 실지로 냇가나 평평한 못가에서 자라는 것으로 그 줄기와 잎은 푸른색을 물들이는 데 사용한다. 또 줄기와 잎은 모두 청염靑染에 사용한다."라고 하였다. 쪽은 문헌에서 남실藍實이라고도 했으며 고대부터 푸른색을 내는 염료로 많이 사용하였다.[104]

『임원경제지』에 쪽은 잎이 즙을 많이 머금은 6~7월에 수확하여 잎을 빻아 즙을 취해 물을 들이되, 쪽물이 변질하기 쉬우므로 반드시 얼음과 섞어 차갑게 염색한다고 하였다.[105] 쪽 염색은 쪽잎의 즙으로 바로 염색하지 않고 쪽풀을 물에 담가 색소를 우려내고 그 색소에 석회를 넣어 쪽이 석회와 함께 가라앉은 상태인 침전쪽을 만든다. 이 침전물에 잿물을 넣고 발효시키면 다시 석회와 분리되어 색소는 염료가 되므로 여기에 천을 담가 공기에 산화하여 발색시키는 원리이다. 『경국대전』에 남염藍染을 전문적으로 다루는 청염장靑染匠을 두고 있어 염료에 따른 기술 차이를 고려했던 것으로 보인다.

## 상아象牙

상아 갓끈 | 조선 | 국립민속박물관

상아象牙는 책갑의 단추를 제작할 때 사용된 재료이다. 상아는 코끼리, 하마, 바다코끼리와 같은 포유류의 엄니를 가공하여 얻는 공예 재료를 말한다. 이 중에서도 코끼리의 엄니가 우윳빛을 띠고 있어 가장 보편적으로 선호되었다. 무소의 뿔을 가공하여 얻는 서각犀角과 비교되는데, 서각은 갈색이나 검은색을 띠므로 상아와는 쓰임에 차이가 있었다.[106]

상아는 조선 왕실 의례 때 어책을 감싸는 책갑에 달린 단추 또는 4품 이상 관료가 의례 때 지참하는 홀笏의 재료로 사용되었다. 민간에서는 사대부 계층이 몸을 단장할 때 사용하는 장식품에 사용되었는데, 갓에 매다는 갓끈이나 규방 여인의 비녀, 얼레빗[象牙梳], 자[尺] 등이 일상 사치품으로서 상아로 제작되었다.

한반도에서는 코끼리가 서식하지 않았으므로 공예품의 재료로 사용된 상아는 전부 외국에서 들여온 것이었다. 왕이나 왕세자 임명 시 중국에서 하사하는 물품에 상아가 포함되어 있었으며, 간혹 동남아시아 국가인 유구琉球와 섬라국暹羅國에서 조선에 조공하는 때에 상아를 확보할 수 있었다. 주기적으로 확보하기 어려운 재료였으므로 4품 이상 관료의 상아홀을 만들 재료가 없어 서각이나 나무로 대체하기도 했다.[107] 성종 대에 중국에서 요구한 진헌 물목進獻物目 중 조선에서 생산되지 않는 상아가 포함되어 있어 대책을 논의한 적도 있다.[108] 이처럼 상아는 조선 왕실에서 제한적으로 사용된 귀한 공예 재료였다.

## 2 제작과정

전국 각지에서 양질의 재료를 수급하면, 분야별 장인을 동원하여 본격적으로 죽책을 제작하였다. 먼저 몸체를 이루는 죽간을 만드는 일부터 시작한다. 죽간은 청대죽을 쪼개어 가공한 것에 붉은 칠을 하여 만들었다. 죽간 위에 죽책문을 반듯하게 쓴 도련지*를 붙인 뒤 글씨를 따라 조각칼로 파낸다. 파낸 자리는 니금으로 메워 장식한다. 죽간을 엮어 만든 첩의 위아래는 비단으로 회장하고 넝쿨무늬를 새긴 변철로 감싼 뒤 죽간마다 두정을 박아 고정한다. 첩과 첩 사이는 둥근 고리로 연결한다. 변철과 두정, 원환은 정제한 구리로 만들어 황금으로 도금한 것을 준비해 두었다가 사용한다. 죽책의 처음과 마지막 첩의 바깥면은 붉은 비단으로 감싸 표지의 역할을 하도록 했다.

1
죽간 만들기

2
글씨 새기기

3
첩 장식하기

* 도련지(搗鍊紙) : 다듬잇돌로 문질러 표면을 부드럽게 만들어 붓이 잘 움직이도록 만든 종이

## 죽간 만들기

죽책의 몸체를 구성하는 죽간은 청대죽을 쪼개어 제작한다. 먼저 청대죽의 겉부분에 있는 진액을 빼는 작업을 거친다. 진액은 기름 성분으로 남아있을 경우 그 위에 풀칠하거나 착색하기 어렵다. 큰 가마솥에 양잿물을 넣고 시루[陶甑]를 올려 쪄내면 진액이 빠진다. 진액이 빠진 대나무는 찬물에 넣고 수건으로 표면을 닦아낸다. 이렇게 삶는 작업을 마친 청대죽은 양지바른 곳에 10일 정도 건조하면 색이 노랗게 바랜다. 건조가 완료되면 표면에 상처가 없이 곱고 말끔한 것을 선별한 뒤 사립장이 이를 쪼개어 가공한다. 죽간이 완성되면 그 위에 붉은 칠을 한다.[109] 죽간 하나의 길이는 9치25.0cm, 너비는 1치2.7cm, 두께는 대나무 두께에 따라 대략 1푼0.3~0.5cm으로 제작되었다.[110]

대나무 가공 모습 | 국립무형유산원

삶기

건조하기

쪼개기

## 글씨 새기기刻字

죽간이 완성되면 칼로 글을 새기고 꾸미는 과정을 거쳤다. 『경혜인빈상시봉원도감의궤』에 기록된 죽간에 글씨를 새기는 과정을 살펴보면 다음과 같다. 먼저 왕이 임명한 제술관이 문장을 지으면[제술製述], 이를 서사관이 예문관에서 임시로 정한 형식에 따라 자석벼루[紫硯]*에 간 참먹[眞墨]을 황필黃筆에 묻혀 저주지楮注紙나 초주지草注紙에 반듯이 베껴 초안[草圖書]을 작성했다. 완성된 초안은 초주지로 감싸 붉은 함에 담고 다시 붉은 명주 보자기로 정성스럽게 포장하여 임금에게 보였다. 임금이 죽책문의 형식을 허락하면 형식에 맞게 다시 서사하여 정본正本을 작성했다[서사書寫]. 본격적으로 죽책문을 죽간에 새기기에 앞서 사자관寫字官이 죽청지竹淸紙에 반듯하게 정본을 베껴 쓴 후 새길 위치에 맞추어 명교明膠로 죽간에 붙였다[북칠北漆]. 북칠 시 글씨를 쓸 때 처음에 편연지片臙脂로 연하고 붉게 바탕 글씨를 쓴 후 다시 그 위에 먹으로 글씨를 본떠 죽간에 새길 글씨의 모양을 신중하게 정하였다. 사자관이 쓴 글씨를 기준으로 각수가 새김칼[刻刀]로 글씨를 정교하게 음각陰刻으로 새겼다[각자刻字]. 화원이 니금泥金으로 글씨 부분을 장식하여 마무리했다[전금塡金].[111]

글씨 새김 모습 | 국립무형유산원

북칠

각자

* 자석벼루[紫硯] : 붉은 빛깔의 자석(紫石)으로 만든 벼루. 한국에서는 충북 진천의 상산자석벼루, 충북 단양의 영춘자석벼루 등이 유명하다.

## 죽책문의 초도서草圖書와 정본正本

제술관이 죽책에 들어갈 문장을 작성하여 제출하면 예문관에서 정한 임의의 서사 형식에 따라 서사관이 어람御覽용 초안을 작성하였는데 이를 초도서草圖書라 했다. 서사 형식은 죽간마다 들어갈 글자의 수, 대두법擡頭法에 따라 올리고[극항極行] 내릴[평항平行] 글자, 표현의 적절성 등이 주로 논의되었다. 이와 같이 임금과 신하들이 논의하여 서사식書寫式을 결정하는 과정을 품정稟定이라 했다.

"죽책문竹冊文의 초도서草圖書를 임금께서 열람하신 뒤에야 비로소 정서正書하여 새길 수 있습니다. …"

-『경모궁의궤』제4권, 금제今制 -

임금에게 보인 후 서사식이 확정되면 여기에 따라 글을 다시 서사하였는데 이것이 정본正本이다. 정본을 완성하면 서사書寫 과정은 마무리된다. 책문의 초도서는 의례가 끝난 뒤 작성한 의궤에 수록했는데 서사식의 반영 여부에 따라 형식이 다양하게 확인된다.[112]

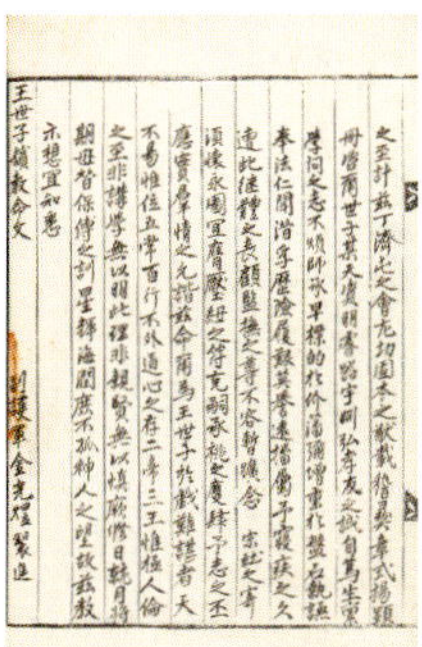

서사 형식을 정하지 않은 경우
『효종왕세자급빈궁책례도감의궤』
1645 | 서울대학교 규장각한국학연구원

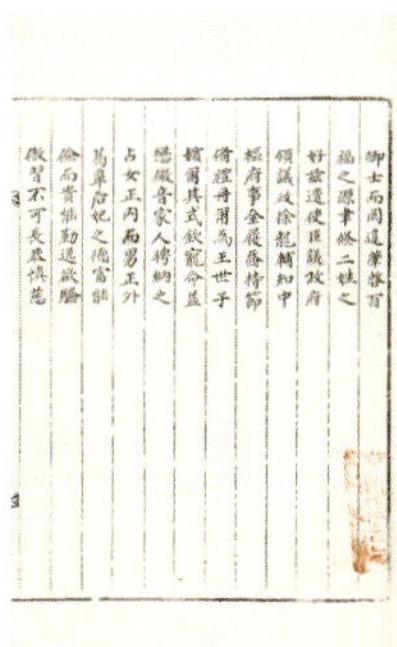

서사 형식을 반영한 경우
『효명세자가례도감의궤』
1819 | 서울대학교 규장각한국학연구원

## 첩 장식하기繪粧

죽간에 글씨가 새겨지면 이를 엮어 첩을 만들고[작첩作貼] 첩의 위아래를 천과 금속으로 꾸몄다[회장繪粧]. 먼저 책장冊匠이 죽간 6족씩을 모아 위아래 가장자리에 붉은 비단[紅廣的]을 감싸고, 죽책의 처음과 마지막 첩의 뒷면에 종이로 배접한 붉은 비단을 발라 책의冊衣를 씌웠다. 다음으로 두석장이 넝쿨무늬를 조이질로 정교하게 새긴 변철邊鐵을 둘렀다. 변철은 동장銅匠이 제련하여 만든 정제한 구리[숙동熟銅]에 금장金匠이 수은 아말감도금 기법으로 도금했다. 여기에 천혈장이 죽간마다 일일이 구멍을 뚫어 앞뒤로 두정을 박아 고정하고 원환을 달아 첩을 연결하였다.

**조이질 모습** | 국립무형유산원

**두정이 박혀있던 흔적** | 영조비 정성왕후 왕세자빈책봉 죽책 | 1721 | 국립고궁박물관

# 수은 아말감도금 기법

『경혜인빈상시봉원도감의궤』「품목질」에 기록된 죽책의 재료 중 '도금에 사용하는 황금 3돈[鍍黃金三錢]', '숙동 3근[熟銅三斤]', '수은 1냥 8돈[水銀一兩八錢]'이 포함되어 있어 정제된 구리 바탕 위에 수은 아말감도금 기법으로 도금했을 것으로 여겨진다.

수은 아말감도금 기법은 고대부터 기물을 도금할 때 사용했던 기법으로, 주로 구리 바탕에 많이 쓰인다. 수은에 금이 닿으면 용해되어 아말감amalgam(수은과 다른 금속의 합금)이 되는데, 이를 가열 소성하면 수은은 공기 중에 승화되고 금만 남게 되는 원리이다.

시연 : 오세종

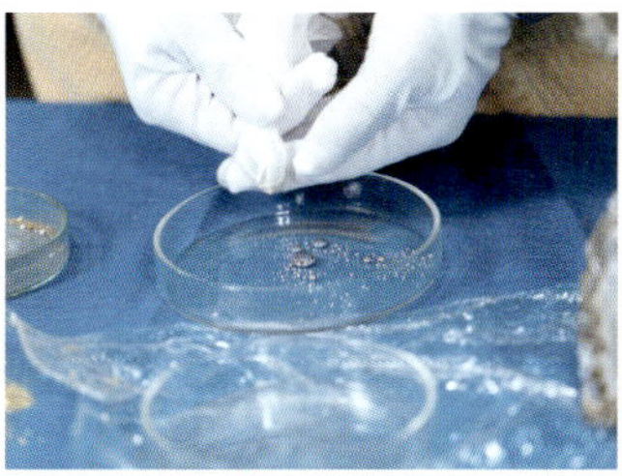

수은 짜내기

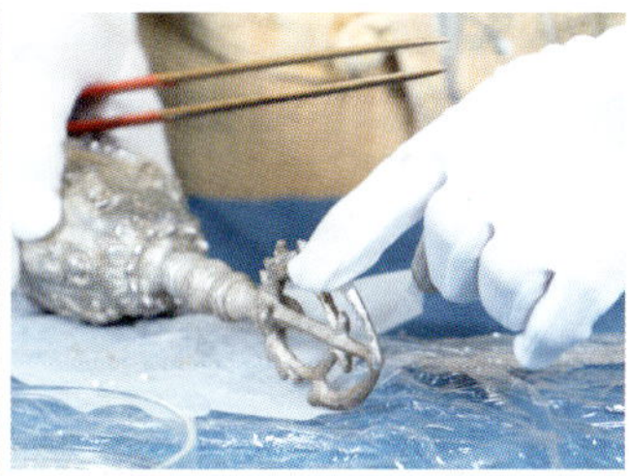

금분아말감 올리기

## 겹유보 만들기

겹유보는 요장이 붉은 비단[紅廣的]을 앞뒤로 대어 속을 풀솜[雪綿子]으로 채우고, 봉조군縫造軍의 도움을 받아 붉은 비단실[紅眞絲]로 꿰매어 마무리했다. 매 폭의 길이는 6치23.5~24.2cm, 나비는 5치16.3~16.7cm이다.[113] 죽책의 첩 사이마다 끼웠기 때문에 첩의 수보다 하나가 적은 9개가 제작되었다.

## 책갑 만들기

죽책을 감싸는 보자기인 책갑은 바깥쪽은 붉은 비단[紅方紬], 안쪽은 푸른 비단[藍輕光紬]을 대고 속감은 연마한 여러 겹의 초주지草注紙를 채워 침선비가 바느질하여 마무리했다. 책갑 위에 죽책을 올려 접어 보관할 때 접는 순서인 상하-우좌의 순에 맞게 맞닿는 부위에 해당하는 아래쪽과 왼쪽 부분에는 단추장이 상아 단추를, 관자장이 실을 두껍게 감아 만든 단춧고리를 달아 잠글 수 있게 하였다.

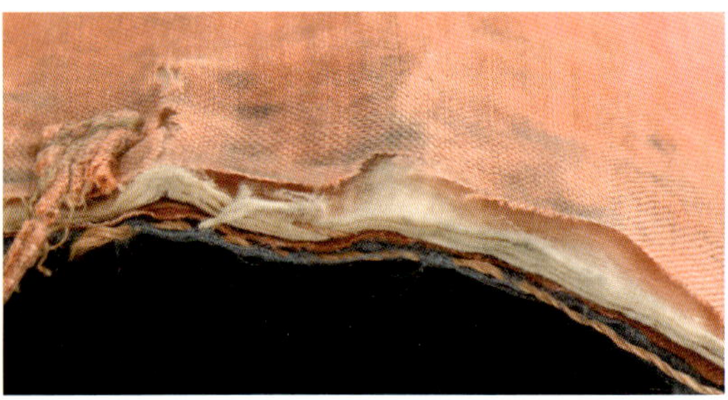

책갑 속 초주지 모습

책갑의 상아 단추

## 3 장인이 사용한 도구

조선 왕실에서 의례를 준비할 때 도감에 소속된 장인들의 도구는 각 소에 부속된 별공작別工作에서 제작하여 조달하였다. 별공작은 각 소에서 작업 시 필요한 설비와 도구를 마련하는 일을 담당했다. 행정업무를 처리하는 관원들을 위한 사무공간과 집기, 사무용품을 마련하고 공급하는 일, 각 소의 장인이 제작에 필요한 각종 공간과 도구를 갖추는 일, 각종 재료와 연료를 조달하는 일, 장인들의 임시 거처[假家]를 짓는 일 등 다양하였다.[114] 인빈 김씨의 죽책과 은인을 제작할 때 사용한 도구는 책인별공작에서 만들어 올렸다.[115]

"본방에서 관장하는 채단綵緞, 명주, 모시, 잡물을 넣어 둘 곳간이 매우 허술합니다. 별공작別工作으로 하여금 관례에 따라 박첩朴貼하도록 하며, …"

『영조정순왕후 가례도감의궤』「일방의궤」<품목질>

"각종 나무와 숯을 넣어 둘 창고 3간, 의장을 보관할 창고 3간 등을 세우고 문을 만들고 자물쇠를 갖추는 일을 속히 거행하도록 별공작에 분부하는 것이 어떻겠습니까? … 각종 공장이 거처할 임시 처소를 관례에 따라 후록後錄합니다. 속히 만들어 세우도록 별공작에 분부하는 것이 어떻겠습니까? …"

『영조정순왕후 가례도감의궤』「이방의궤」<품목질>

## 화원畫員의 도구

책인조성소의 화원에게는 함과 같은 기물에 그림을 그리거나 죽책의 글씨를 메우기 위한 도구가 지급되었다. 작업 시 안료나 금니를 담을 당사발唐砂鉢, 종지 그릇[砂鍾子], 막자[砂莫子], 접시[砂貼匙] 등의 각종 사기그릇, 안료나 금니와 섞어 사용할 아교를 녹일 화로[土火爐], 각종 재료와 도구를 보관할 자물쇠 달린 이층의 큰 궤[二層大樻具鎖鑰] 등이다.

전통 회화 재료와 도구 | 국립무형유산원

## 칠장漆匠의 도구

『경혜인빈상시봉원도감의궤』에 죽간에 칠을 했던 가칠장의 도구는 언급되어 있지 않지만, 이와 유사한 기물에 칠을 입히는 업무를 담당했던 칠장이 사용한 도구를 참고해볼 수 있다. 작업할 때 칠을 도포할 귀얄붓을 만들 염소 수염[羔鬚]·말갈기 털[馬鬣]·집돼지 털[家猪毛] 등 각종 동물의 털, 칠 속 불순물을 거를 백저포白苧布, 걸레용 천[乃布], 솜[常綿子] 등의 면직물, 옻칠과 혼합하여 희석하거나 회칠을 만들 때 사용할 들기름[法油]과 골회骨灰, 송연松煙 등의 혼합 재료, 칠층의 표면을 연마할 숫돌[延日礪石], 재료를 덜어서 담을 푼주[砂盆子], 탕기[砂湯器], 자완[砂磁碗], 당사발唐砂鉢 등의 각종 사기그릇 등이다.

귀얄붓

숫돌

## 각수刻手의 도구

각수의 도구는 죽책과 은인에 글씨를 새기기 위한 것이다. 바탕을 다듬거나 기물의 표면에 홈을 팔 때 사용하는 4치 정[四寸釘], 착차정鑿釵釘, 표면을 갈아내는 오리목줄[鴨項乼], 글씨를 새기고 세부를 다듬는 광도廣刀, 새김칼[刻刀] 등의 칼, 음각할 기물의 뒷면을 받쳐 충격을 완화할 솜을 넣은 보자기[白木襦袱], 각종 재료와 도구를 보관할 자물쇠가 달린 궤[櫃子具鎖鑰] 등이다.

새김칼 날 끝 | 국립무형유산원

## 두석장豆錫匠의 도구

두석장이 사용한 도구는 죽책의 위아래를 감쌀 변철 표면에 문양을 조이질하여 장식하기 위한 것이다. 동판銅版을 두드려 성형할 때 열을 가하는 작은 화로[小爐], 받침대로 사용할 모루대[毛老臺], 변철의 당초문을 쪼아 새길 5치 정[五分釘], 각종 재료와 도구를 보관할 자물쇠가 달린 궤[櫃子具鎖鑰] 등이다. 조이질에 사용된 정은 죽책 변철에 새겨진 문양의 세부 형태를 보았을 때 넝쿨무늬의 곡선을 구성하기 위한 일자 형태의 작은 날정과 어자문을 새길 공근정의 종류가 파악된다.

공근정 | 국립무형유산원

모루 | 국립무형유산원

## 천혈장穿穴匠의 도구

천혈장의 도구는 변철과 죽간을 연결할 두정을 박기 위한 것이다. 구멍을 뚫을 도구로는 활비비가 사용되었다. 대나무는 세로방향으로 섬유질이 구성되어 대가 쪼개지기 쉬우므로 구멍을 뚫을 때 충격을 최소한으로 주어야 했는데, 여기에 최적화된 도구가 활비비였다. 천혈장에게 주어진 도구는 활비비를 제작하기 위한 송곳날[飛排刀]과 쇠가죽 끈[㹀牛皮], 구멍이 뚫린 면을 다듬기 위한 숫돌[中礪石] 등이다.

## 침선비針線婢의 도구

침선비에게는 죽책을 포장할 때 사용하는 책갑과 격유보, 함보자기 등을 만들 때 천을 재단하고 바느질하는 도구가 지급되었다. 천을 크기에 맞게 재단하는 가위[剪刀], 천의 주름을 펴기 위한 다리미[熨刀]와 인두[引刀], 인두를 달굴 화로[土火爐], 실과 바늘 등 침선 도구를 보관하기 위한 바구니[柳筽] 등이다.

활비비 | 국립전주박물관

가위 | 조선 | 국립민속박물관

다리미 | 조선 | 국립민속박물관

# 영조대 숙빈과 인빈의 상시봉원시 제작체계의 비교

**장 경 희** | 한서대학교 문화재보존학과

조선 제21대 왕 영조는 즉위 초에 후궁숙빈 최씨 소생인 자신의 정통성에 도전을 받고 있었다. 이 때문에 영조가 즉위한 지 20년째 되고 51세가 되는 1744년영조 20에 기로소에 입소하는 등 국정 수행에 자신감이 생기면서, 국왕의 사친을 추숭하기 위한 궁원제宮園制를 제도화하여 왕권을 강화하려는 데 목적을 가지고 있었다.

영조가 궁원제를 마련한 후 선왕의 후궁이자 국왕의 사친에게 시호를 올리고 사당을 개건하고 묘소를 봉원한 사례는 두 차례 있었다. 첫 번째는 1753년 영조가 숙종의 후궁이자 자신의 사친인 숙빈에게 '화경和敬'이라는 시호를 올려[追諡] 책인을 제작하고, 별묘別廟였던 사당 육경묘毓慶廟를 '육상궁毓祥宮'으로 승격하고, 묘소였던 소령묘昭寧墓를 '소령원昭寧園'으로 영건한 것이다. 두 번째는 1755년 영조가 선조의 후궁이자 인조의 사친인 인빈 김씨에게 '경혜敬惠'라는 시호를 올려 책인을 제작하고, 인빈과 원종 및 인조가 살던 사저를 사당으로 사용하여 송현궁松峴宮으로 부르던 것을 '저경궁儲慶宮'으로, 인빈묘仁嬪墓의 경우 원호를 승격 이장하여 정자각·비각·석양·석호·석마 등을 새로 조영하여 '순강원順康園'으로 승격하여 조성한 것이다.

따라서 이 글에서는 1753년과 1755년 2년 간의 시간차를 두고 영조가 사친인 숙빈과 인빈에게 시호를 올리고 궁원을 영건하고 책인을 조성하기 위해 임시로 설치한 두 상시봉원도감을 대상으로 관리 조직과 장인의 협업 관계를 비교 정리하여 도감의 운영방식과 장인의 동원 및 관리 방안의 변화를 밝히고자 한다.

## 1. 상시봉원도감의 관리 조직

상시봉원도감은 짧은 기간 안에 인력과 물력을 총동원해서 시호를 기록한 책인을 제작하고, 그것을 모실 사당 건물을 격에 맞춰 영건하며, 묘소의 비석이나 능침 상설을 조성해야 하는 권력의 핵심 기관이다.

도감의 총책임자인 도제조는 정1품의 삼정승 중 1인이 맡는다. 1753년 상시봉원도감의 도제조는 우의정 김상로金尙魯(1702-1766)였다. 그는 2년 뒤에는 좌의정의 위치로 승격되면서 1755년 상시봉원도감의 도제조를 연속해서 맡았다. 이렇게 상시봉원도감의 총책임자를 연속하여 김상로에게 맡겼다는 점에서 자신의 사친인 숙빈이나 인빈에게 시호를 올리는 상징적인 행위를 통해 영조가 품은 왕권 강화의 강력한 의지를 확인할 수 있다.

도감의 분야별 책임자인 제조는 정3품의 육조 판서참판 중 3인이 맡는다. 임시로 도감을 설치하는 목적에 부합하기 위해 의례와 관련된 예조, 예산이나 물력을 수급하는 호조, 인력을 동원하여 공역을 관장하는 공조나 병조의 관리자인 판서가 맡는 것이 상례이다. 1753년이나 1755년의 제조는 관례대로 예조, 호조, 공조 및 병조의 판서참판가 맡았다. 1753년의 제조는 예조판서 이익정李益炡(1699~1782), 호조판서 이창의李昌誼(1704~1772), 공조참판 이익보李益輔(1708~1767)였다. 1755년의 제조는 병조판서 홍봉한洪鳳漢(1713~1778), 예조판서 이정보李鼎輔(1693~1766), 호조판사 이철보李喆輔(1691~1770)였다.

도청은 조선 초기에는 선공감의 임시관서로 도감의 건축 공사를 실제 책임졌지만, 조선 후기 도감에서는 도제조와 제조 아래 정6품의 하급 관리로서 낭청을 지휘하여 전체 업무를 관할하는 실질적인 도감의 총감독이었다. 1753년에는 종6품의 부사과 한광조韓光肇, 1715-1768였고, 1755년에는 장악원 정 유한숙兪漢蕭이 담당하였다.

이와 같이 도감의 총책임자인 도제조부터 부서별 책임자인 제조 및 실질적 감독관인 도청에 이르기까지 도감의 상부 조직은 일치한다. 그러나 도감 내에서 실질적인 업무를 담당한 부서의 경우 약간씩 변화된다. 1753년과 1755년에 육상궁과 소령원, 저경궁과 순강원과 같이 궁원을 영건하거나 책인과 관련된 물품을 제작하기 위해 분설하였던 각소의 종별과 그곳을 담당하였던 감독관의 종별과 인원수 등은 세부적으로 차이를 보이고 있다.

상시봉원도감의 하부에 설치한 각 제작처는 종별 숫자와 감독 인원에서도 차이를 보였다. 우선 1753년에 각소는 12곳을 설치하였다. 조성소, 책인조성소, 육상궁삼문조성소, 대부석소, 비석소, 노야소, 소부석소, 수석소, 원소별공작, 책인별공작, 분장흥고, 번와소이다. 이에 반해 1755년에 각소는 13곳을 설치하여 체계화되었다. 묘우조성소, 원소조성소, 책인조성소, 노야소, 비석소, 대부석소, 소부석소, 수석소, 묘우별공작, 책인별공작, 원소별공작, 분장흥고, 번와소의 13곳이었다.

1755년 인빈의 상시봉원도감에서는 1753년 숙빈의 상시봉원도감을 전례로 삼으면서, 이전보다 제작한 공간과 물품을 명확하게 인지하여 조성소와 별공작을 각각 묘우, 원소 및 책인의 세 분야로 구분하여 조직이 체계적으로 정비된 것이다. 1753년 조성소의 경우 조성소, 책인조성소, 육상궁삼문조성소였는데, 1755년에는 묘우조성소, 책인조성소, 원소조성소로 확연하게 구분지었다. 궁원 내부에 배설할 목가구나 제구 등을 제작한 별공작의 경우도 1753년에는 원소별공작과 책인별공작으로 구분된 것과 달리, 1755년에는 묘우별공작, 책인별공작, 원소별공작으로 정리되었다. 특히 원소는 묘우보다 건물이나 석물의 영건을 위해 많은 제작처가 필요하다. 이를 위해 정자각을 비롯한 재실 등에 필요한 철물의 생산을 위해 노야소가 설치되어 있다. 특히 원소는 묘우보다 비석을 조성하는 비석소, 능침 앞에 혼유석을 비롯하여 망주석과 장명등 및 문인석이나 양마석 등의 능침 석물을 조영하기 위한 대부석소, 소소한 작은 석재를 다루는 소부석소 및 석재를 운반하는 수석소를 설치하였다. 그밖에 정자각 등에 지의를 마련하는 분장흥고나 기와를 공급하는 번와소 등을 설치하였다.

이러한 각소의 실질적인 관리자인 낭청과 감조관 및 분차관은 정6품직이 담당하였다. 1753년에는 낭청 5명, 감조관 6명, 분차관 3명으로 총14명이었다. 반면 1755년에는 낭청 7명, 감조관 4명, 분차관 6명으로 총17명이었다. 이처럼 1753년의 도감보다 1755년 도감에는 중간 관리자의 인원수가 증가하였을 뿐 아니라 담당한 분야 또한 이전보다 훨씬 전문적이고 체계적으로 정비된 것이 확인된다. 곧 1753년에는 조성소 낭청이 노야소를 관장하면서, 육상궁삼문조성소까지 관장한 것을 알 수 있다. 반면 1755년에는 조성과 관련된 낭청 3명이 각각 묘우조성소 1명, 책인조성소 1명, 원소조성소 겸 노야소 1명이 관장하여 낭청이 근무하는 공간적 범위나 책임의 소재 및 역할이 분명해졌다. 예컨대 1753년의 도감에서 호조좌랑 김순택은 대부석소와 비석소 및 책인조성소의 낭청을 겸임하여 그의 활동영역이 소령원과 책인조성소로 감독할 공간이 불일치하여 이동 거리나 역할이 불분명하였다. 이에 비해 1755년 군자감주부 홍정유는 원소조성소와 비석소 및 대부석소의 낭청으로 순강원으로 감독해야 할 공간이 한정되었고 여기에서 정자각을 짓거나 비석이나 석물 조성에 대해 관리하도록 되어 있어 역할이 명확해졌다. 물론 1753년과 1755년 모두 소부석소의 낭청은 수석소 낭청을 겸하는 것은 공통되었다.

이것은 1753년과 1755년의 경우에도 마찬가지이다. 감역관의 경우 1753년에는 6명이었다가 1755년에는 4명으로 감소했지만, 책임소재는 명료하게 정해졌다. 1753년에는 조성소와 원소별공작을 3명이, 대부석소와 책인조성소 및 비석소를 2명이, 소부석소를 1명이 감역 했다. 그러나 1755년에는 묘우조성소와 책인조성소와 원소조성소 및 비석소로 구분하고 각 소마다 1명씩 4명의 감역관이 감독하게 하여 합리적으로 조정한 것이 확인된다.

분차관의 경우 1753년에는 육상궁별공작, 분장흥고, 번와소에 원래 해당 공역을 담당하던 상설아문인 선공감과 장흥고 및 와서에서 각 1명씩 3명을 파견하여 관리하였다. 1755년에는 각각의 별공작의 업무와 역할에 따라 묘우별공작, 책인별공작, 원소별공작, 분장흥고, 번와소 등으로 구분하고 이것과 관련된 상설아문인 선공감과 장흥고 및 와서에서 각 제작처마다 각각 1명씩 6명의 관리를 파견한 것에서 알 수 있다.

따라서 1755년 인빈의 상시봉원도감은 비록 1753년 숙빈의 상시봉원도감을 전례로 삼아 도제조와 제조 및 도청 등의 구성은 같지만, 궁원과 책인을 실제 제작하는 각소는 조직화되었고, 그곳을 관리하는 낭청 이하 감역관과 분차관의 조직 운영은 체계적이고 합리적으로 구분되었다. 곧 육상궁과 소령원 때에는 조직과 관리인원이 분명하지 않았는데, 1755년에는 크게 저경궁과 책인 및 순강원으로 구분하고, 각 제작처와 관리인원을 배치한 것을 엿볼 수 있다. 예컨대 저경궁을 영건하는 묘우조성소와 내부의 시설을 조성하는 묘우별공작, 순강원을 조성하는 원소조성소와 내부 시설을 제작하는 원소별공작, 책인을 제작하는 책인조성소와 그와 관련된 목가구를 제작하는 책인별공작이 별도로 분명한 위계로 분설된 것에서 확인된다. 석물의 제작이 많은 원소에서 비석소와 대부석소, 소부석소와 수석소를 한 명의 관리자가 함께 감독하는 빙식으로 효율적으로 조직을 정비한 것을 알 수 있다.

상시봉원도감에서 시호를 올리고 반드시 제작해야 할 핵심 의물은 죽책竹冊과 은인銀印 관련 물품이다. 이중 죽책과 관련된 물품은 10첩의 죽책 1건사이 띄울 솜보[隔糯袱褓]와 묶을 끈[結纓子] 포함, 책갑 1부, 화금왜주홍칠 내함 1부자물쇠, 열쇠집, 겹보, 끈 포함, 흑칠 외궤 1부자물쇠, 열쇠집, 홑보, 세줄바, 근봉지, 표지 포함, 흑칠 배안상1좌홍주보, 자주요, 채화석 포함, 독책상홍주보, 자주요, 채화석 포함이다. 다음 은인과 관련 물품은 은인 1과인수(印綬), 솜보, 묶을 끈 포함, 인통솜보, 결영자 포함, 주통 1부인주, 솜보, 묶을 끈 포함, 인록 1부자물쇠, 열쇠집, 겹보, 대영자, 묶을 끈, 봉표지 포함, 주록 1부자물쇠, 열쇠집, 겹보, 대영자, 묶을 끈, 봉표지 포함, 호갑 1태, 흑칠 배안상 1좌홍주보, 자적요, 채화석 포함, 흑칠 독인상홍주보, 자주요, 채화석 포함이다.

도감에서 책인의 품질이나 기술적 자문은 별간역이 맡았다. 영조 당시 별간역으로는 최천약과 변이진 및 최진강이었고, 이들은 1751년영조 27 의소세손을 책봉할 때 죽책과 옥인의 별간역이었다. 그들은 곧이어 1753년 책인조성소에는 가선 김경유金慶裕와 한량 최진강崔震崗(1725년~1762년 활동)이었고 당시 최천약崔天若 (1684경~1755년 활동)은 소령원을 조성하는 원소조성소에서 별간역을 했다. 1755년 책인조성소의 별간역은 최진강과 변이진卞爾珍(1731년~1759년 활동)이었다. 따라서 1753년과 1755년에 죽책이나 옥인 등을 제작하는 데 최진강이 연속적으로 별간역으로 참여하여 변이진과 함께 책인을 제작하는데 특장이 있었던 것 같다.

숙빈과 인빈의 시호인을 제작할 때 먼저 전문서사관을 정하여 전문篆文을 작성하고, 이것을 사자관이 베껴 인면에 글씨를 붙인다. 보장은 거북 형태나 글씨를 쓰고, 은장은 순은으로 주물을 뜨고, 소로장이 이것을 녹이고, 주장이 주물에 붓고, 마경장이 표면을 매끈하게 다듬고 천혈장이 구멍을 뚫으면 다회장이 만든 인수印綬를 꿴다. 이처럼 은인은 보장을 비롯하여 전각장篆刻匠, 천혈장, 은장소은장, 금장, 소로장, 마경장, 보통장, 두석장, 이지장, 주장, 칠장, 호갑장, 담편장과록장, 시장, 다회장 등이 협업하여 제작한 것을 알 수 있다. 특히 은인을 제작할 때의 금속공예 관련 장인들이 참여한 것이 확인된다. 보장은 은장이나 소은장으로도, 동장은 인통장으로도, 두석장이나 보통장 등의 장색으로도 활동하였다. 인록과 주록의 경우 형태는 소목장이, 밖을 흑서피로 싸는 일은 과록장이 함께 했다. 호갑의 경우 호갑장이 제작하되 가죽을 다루기 때문인지 같은 장인이 주피장이나 담편장擔鞭匠으로도 활동하였다. 자물쇠를 만드는 장인은 쇄약장과 두석쇄약장 및 정철쇄약장으로도 불렸고, 쇄약장은 박배장이나 납염장鑞染匠 등으로도 활동하였다.

이를 통해 금속 분야의 가공과 관련된 장인들은 여러 많은 분야에 대한 기술적인 사항을 이해하기 위해 장인으로 활동하는 동안 여러 장색을 두루 섭렵하면서 점차 특정한 기술에 장기를 보여주는 것이 확인된다.

숙빈과 인빈의 죽책은 제술관의 제술, 서사관의 초도서 서사, 사자관의 정서의 순서로 이뤄진다. 대나무를 삶아 틀어지지 않게 사립장이 다루고, 사자관이 정서하여 글자를 붙이면, 각수는 글자를 새기고 도자장은 옆에서 새김칼을 벼리는 일을 한다. 각수가 새긴 글자에 화원은 니금을 새긴 글씨에 채워 넣는 전금塡金 작업을 진행한다. 여기에 회장장은 비단을 배접하여 잘라 회장을 돌리거나 앞뒤 쪽에 옷衣을 붙이고, 두석장은 변철과 원환을 제작하고 그것을 대쪽 위 회장에 올린 후 천혈장이 구멍을 뚫고, 두정을 박아 마무리한다.

죽책의 재료인 청대죽靑大竹은 시장에서 사고파는 물건이 아니어서 전례대로 내의원에 소장되어 있던 것을 책인조성소로 들였다. 1753년에는 30마디였던 것이 1755년에는 60마디짜리여서 좀더 좋은 대나무를 선택하여 사용했다. 대를 삶고 다루는 일을 사립장斜笠匠이 하면 주칠은 가칠장이 하고 책문冊文은 사자관이 썼다. 1753년에는 각수 19명:도자장 9명으로 2:1의 비율이던 것이 1755년 각수와 도자장은 13명:13명으로 1:1로 대응되었다. 죽책에 글씨를 다 새기고 나면 도화서 화원畫員들이 금을 메워 넣는다. 죽책의 상하 회장은 두석장과 금장 및 천혈장과 책장 등이 동원되었다. 두석으로 만든 변철邊鐵의 표면에 금장金匠은 부금장으로도 불리며 도금한다. 변철에 구멍은 천혈장이 뚫고, 10첩 상하에 고리를 연결하면 책장들이 회장을 한다. 이처럼 죽책의 제작은 여러 종류의 장인들이 협업을 했음을 확인할 수 있다.

책갑은 청색 명주와 홍색 명주 사이에 초주지를 넣어 도톰하게 만들고 침선비가 바느질을 한다. 책갑의 +자형 고리 끝에 상아 단추는 단추장이 만들고 관자장이 마감한다. 솜보는 요장褥匠이 제작한다.

이처럼 상시봉원도감의 책인조성소에서 장인들은 죽책과 이것을 담고 싸고 넣을 책갑이나 내함 및 외궤를 만들거나 은인 또한 인통과 주통에 담을 인록과 주록 및 호갑을 제작하였다. 이러한 장인은 1753년에는 27종 총 125명을, 1755년에는 32종, 총 113명을 동원하여 장색은 세분화되면서 인원수는 줄어들었다.

1753년 장인들의 장색 중 1755년에도 사자관, 화원 이하 22장색은 공통되어 전체의 2/3이 글씨에 동원되어 업무의 연속성을 확인할 수 있다. 1753년에 동원된 장인 125명 중 40명이 1755년에도 동일하여 장인의 1/3이 계속 활동하였다. 그들 중 1755년에 시상한 1등상의 은장 하유복과 최대륜, 소로장 이창원, 각수는 김수해, 인통장 송룡서이다. 2등상에 해당되는 도자장 김봉익을 비롯한 4명이며, 시장 김복돌, 사립장 김세위, 과록장 오세봉, 이지장 이명복, 마경장 엄찬이가 상을 받았다. 3등상에 해당되는 쇄약장 김로미 등이다. 연속해서 동원된 40명의 장인 중 가장 많은 인원수를 차지하는 장색은 죽책을 새기는 각수 11명으로서 가장 많고, 그들의 새김칼을 벼리는 도자장이 4명으로 그 다음이다.

1755년에는 이전보다 은인을 만들 때 금장이나 은장에 이어 동장과 야장 및 납염장이 세분되었다. 가죽을 다루는 장인도 호갑장과 과록장 외에 담편장이 추가되었고, 쇄약장에서 두석쇄약장, 칠장에서 가칠장이 분화되었다. 특히 죽책을 책으로 매는 책장冊匠과 책갑을 제작하는 침선비와 단추장 및 요장의 장색이 새로 신설되어 현존하는 책갑 유물의 제작자와 그들의 우수성을 다시 확인하게 된 것은 수확이다.

도감역이 끝난 후 시상을 한 장인의 내용적 변화가 확인된다. 1753년에는 동원된 총 125명의 장인 중 120명이 시상을 하여 96%인데 비해, 1755년에는 총 114명의 장인 중 90명만 시상하여 79%로 비율이 줄어든다. 이전까지는 도감에 참여만 하여도 거의 모든 장인이 상을 받는 구조였다면, 1755년에는 상대적으로 참여도가 높고 활동상이 뚜렷하며 우수한 기량을 발휘한 장인만을 선별해서 상을 받게 한 것을 알 수 있다.

이상과 같이 영조는 1753년 숙빈에게 1755년 인빈에게 시호를 올리고 각각 상시봉원도감을 설치 운영하여 궁원과 책인을 조성하였는데, 양자의 관리조직과 장인 간 협업 관계 및 운영방안을 비교 분석해 보았다. 그 결과 처음 도감을 설치하였을 때보다 2년 뒤에는 도감 각소는 12소에서 13소로 미세하게 분되었지만, 실질적으로 관리 감독하는 낭청이나 감조관의 업무분장이나 책임소재가 분명하며 조직을 효율적으로 관리할 수 있게 되었다. 장인의 경우에도 별간역 변이진의 지휘 아래 전체 장색 중 2/3에 해당되는 22장색의 1/3 인원수의 장인들은 거듭 동원되어 책인 조성 작업의 연속성을 유지하도록 조치하였다. 특히 장색이 27종에서 32종으로 세분되었지만, 인원수는 125명에서 113명으로 오히려 줄어 솜씨 좋은 핵심 장인 위주로 선발한 것이 확인된다. 이것은 시상에서도 나타나 동원한 장인 전체를 시상하던 방식에서 해당 기물의 제작에 기여한 장인 위주로 상벌 원칙을 분명하게 적용한 것이다. 이렇게 동일한 성격의 두 도감을 관리 감독하고 장인을 운영하는 방식의 효율적 변화는 현존 유물의 품질에도 반영되었을 것으로 여겨져 다음의 과제로 삼고자 한다.

# 주석

1 서준, 앞의 논문, 『조선왕조의 옥책 5』, 국립고궁박물관, 2017, 199쪽.; 최솔잎, 「조선시대 冊文의 형식과 특징」, 『東方漢文學』 89, 동방한문학회, 2021, 33~34쪽.

2 『삼국사기』권제4, 신라본기 제4, 514년(지증 마립간 15)

3 서준, 앞의 논문, 『조선왕조의 옥책 5』, 국립고궁박물관, 2017, 199쪽.

4 『고려사』권60, 지 권제14, 예2 길례대사 태묘, 〈태묘향 서〉

5 『고려사』권17, 세가 권제17, 1146년(의종 즉위년) 2월 28일.

6 즉위 교서 발표 전 이미 관리들에게 고려 제도의 연혁과 장단점을 상세히 정리하게 명하여 국가의 시작부터 고려와 차이를 두고자 했던 것으로 보인다.(『태조실록』권1 1392년(태조 1) 7월 17일; 7월 18일; 7월 28일; 신명호, 「조선시대 종묘」, 『종묘』, 국립고궁박물관, 23~25쪽.)

7 차례대로 4대조 이안사(李安社)는 목왕(穆王), 3대조 이행리(李行里)는 익왕(翼王), 조부 이춘(李春)은 도왕(度王), 아버지 이자춘(李子春)은 환왕(桓王)이라 하였다.(『태조실록』 권1 총서; 『태조실록』권1 1392년(태조 1) 7월 28일; 『태조실록』권2 1392년(태조 1) 11월 6일.)

8 서준, 앞의 논문, 『조선왕조의 옥책 5』, 국립고궁박물관, 2017, 199쪽.

9 서준, 「국립고궁박물관 소장 어보의 제작과 종류 소고」, 『조선왕실의 어보』, 국립고궁박물관, 2010, 689~690쪽.

10 서준, 앞의 논문, 『조선 왕조 어책 : 교명·죽책·금책』, 국립고궁박물관, 2017, 454쪽.

11 『인조실록』권48, 1647년(인조 25) 2월 4일; 2월 10일; 『영조실록』권77, 1752년(영조 28) 8월 2일; 김지희, 「조선시대 왕실 사친묘(私親廟)의 운영과 사도묘(思悼廟)의 건립」, 서울대학교 대학원 석사학위논문, 66~72쪽.

12 박대남, 「종묘 신실 내부의 장엄」, 『종묘』, 국립고궁박물관, 2014, 112~113쪽.

13 『經國大典』「禮典」〈奉審〉조.

14 서준, 앞의 논문, 『조선 왕조 어책 : 교명·죽책·금책』, 국립고궁박물관, 2017, 455쪽.

15 서준, 「국립고궁박물관 소장 옥책의 내용과 현황」, 『조선왕조의 옥책 5』, 국립고궁박물관, 2017, 199쪽.

16 서준, 「교명과 죽책의 형식과 내용」, 『조선 왕조 어책 : 교명·죽책·금책』, 국립고궁박물관, 2017, 427쪽.

17 장을연, 「대한제국기 金冊의 현황과 양식적 특징」, 『고문서연구』 46, 한국고문서학회, 2015, 188~197쪽.

18 서준, 앞의 논문, 『조선왕조의 옥책 5』, 국립고궁박물관, 2017, 427쪽.

19 『세종실록』권76, 1437년(세종 19) 2월 28일.

20 서준, 앞의 논문, 『조선왕조의 옥책 5』, 국립고궁박물관, 2017, 263~270쪽; 서준, 앞의 논문, 『조선 왕조 어책 : 교명·죽책·금책』, 국립고궁박물관, 2017, 428~441쪽.

21 문화재청 세계유산정책과 자료 제공.

22 서준, 앞의 논문, 『조선 왕조 어책 : 교명·죽책·금책』, 국립고궁박물관, 2017, 437~441쪽 〈표 12〉~〈표 18〉 및 문화재청 세계유산정책과 제공 자료 참조.

23 『성종실록』권2, 1470년(성종 1) 1월 22일.

24 『성종실록』권60, 1475년(성종 6) 10월 9일.

25 『성종실록』권63, 1476년(성종 7) 1월 5일; 1월 8일.

26 정해득, 「조선후기 사친추숭과 능원제도」, 『朝鮮時代史學報』 86, 조선시대사학회, 2018, 196~198쪽.

27 『연산군일기』권22, 1497년(연산군 3) 4월 9일.

28 『연산군일기』권53, 1504년(연산군 10) 5월 6일.

29 『연산군일기』권52, 1504년(연산군 10) 4월 1일.

30 『연산군일기』권52, 1504년(연산군 10) 3월 24일.

31 정해득, 앞의 논문, 2018, 199쪽.

32 『광해군일기』권4, 1608년(광해군 즉위년) 5월 9일.

33 『광해군일기』권13, 1609년(광해군 1) 2월 19일.

34 『광해군일기』권26, 1610년(광해군 2) 3월 23일.

35 『광해군일기』권26, 1610년(광해군 2) 3월 29일.

36 『인조실록』권22, 1630년(인조 8) 5월 21일; 정해득, 앞의 논문, 2018, 199~201쪽.

37 정해득, 앞의 논문, 2018, 202~203쪽.

38 『增補文獻備考』 권71, 「禮考」18,〈園墓〉; 정경희, 2004, 「朝鮮後期 宮園制의 성립과 변천」, 『서울학연구』 23, 서울시립대학교 부설 서울학연구소, 167~169쪽.

39 『국조보감』제35권, 「인조조」 2, 〈10년(임신, 1632)〉.

40 『인조실록』권26, 1632년(인조 10) 4월 23일; 정해득, 앞의 논문, 2018, 203~207쪽.

41 심재우, 「영조대 정치범 처벌을 통해 본 법과 정치」, 『한국학』 33, 한국학중앙연구원, 2010, 54~59쪽.

42 『영조실록』권2, 1724년(영조 즉위년) 11월 20일.

43 『영조실록』권8, 1725년(영조 1) 12월 23일.

44 『영조실록』권80, 1753년(영조 29) 7월 27일.

45 『영조실록』권79, 1753년(영조 29) 6월 25일.; 『增補文獻備考』 권61, 「禮考」8, 〈宮廟〉

46 숙빈 최씨를 모신 육상궁과 소령원에 배설한 의물과 친제 절차는 『궁원식례(宮園式例)』로 편찬되었다. 후에 정조 때 예조에서 시행한 예제 사례를 집성한 『춘관통고(春官通考)』에 『궁원식례』가 게재되면서 정식 예제로서 기록되었다.(임민혁, 「조선후기 영조의 孝悌 논리와 私親追崇」, 『朝鮮時代史學報』 39, 조선시대사학회, 2006, 117쪽)

47 『정조실록』권1 1776년(정조 즉위년) 3월 19일; 3월 20일.

48 영우원은 1789년 수원 화성으로 천장하여 현륭원(顯隆園)으로 불렀다. 1899년 대한제국 때 사도세자[장헌세자]를 장조의황제로 추증하여 신주는 종묘에 부묘하였고, 원소는 융릉(隆陵)으로 부르게 되었다. 『정조실록』권1, (정조 대왕 천릉 지문(遷陵誌文).)

49 『정조실록』권5, 1778년(정조 2) 3월 18일; 3월 19일.

50 『고종실록』권7, 1870년(고종 7) 12월 6일.

51 『순종실록부록』권2, 1911년(순종 4) 7월 27일.

52 『순종실록부록』권13, 1922년(순종 15) 5월 17일; 정해득, 앞의 논문, 2018, 214~219쪽.

53 1908년(고종 7)에 고종이 각지에 설립된 후궁의 사묘를 한 곳에 합봉할 것을 명하여 희빈 장씨, 정빈 이씨, 영빈 이씨, 의빈 성씨의 사우를 육상궁 내에 이봉하였다. 이후 1911년에 덕안궁을 건립하여 1929년 7월 11일에 육상궁 내로 이봉하면서 현재의 칠궁(七宮)이 완성되었다. 현재의 육상궁 건물은 1725년(영조 원년) 건립 이후 1883년(고종 20) 화재로 중건한 것이다.(『고종실록』 1908년(고종 7) 1월 2일.; 문화재청, 『칠궁(七宮)의 연혁 및 수리공사보고서』, 문화재청, 2000, 15~29쪽.)

54 인빈 김씨의 생애에 관해서는 『조선왕조실록』의 인빈 김씨 졸기(卒記)와 조선 후기 문신 장유(張維)의

시문집인 『계곡집(谿谷集)』의 인빈 김씨 신도비명(神道碑銘)의 내용을 정리하였다.(『광해군일기』26권, 1613년(광해 5) 10월 29일; 『계곡집』권13, 「비명(碑銘)」 〈인빈 김씨 신도비명(仁嬪金氏神道碑銘)〉).

55 『광해군일기』권26, 1613년(광해군 5) 10월 29일; 10월 30일.

56 『인조실록』권7, 1624년(인조 2) 10월 26일.

57 『영조실록』권58, 1743년(영조 19) 6월 13일; 6월 20일.

58 『영조실록』권85, 1755년(영조 31) 6월 2일.

59 『경혜인빈상시봉원도감의궤』상 계사질 1755년 6월 초3일.

60 『영조실록』권85, 1755년(영조 31) 6월 5일.

61 『경혜인빈상시봉원도감의궤』상 계사질 1755년 6월 6일.

62 『경혜인빈상시봉원도감의궤』상 계사질 1755년 6월 14일.

63 『영조실록』권85, 1755년(영조 31) 6월 22일.

64 『영조실록』권85, 1755년(영조 31) 6월 23일.

65 『영조실록』권85, 1755년(영조 31) 7월 24일; 『경혜인빈상시봉원도감의궤』상 계사질 1755년 8월 4일; 8월 14일.

66 『세종실록』권81, 1438년(세종 20) 6월 17일.

67 『승정원일기』2747책, 1870년(고종 7) 1월 2일.

68 문화재청, 『칠궁(七宮)의 연혁 및 수리공사보고서』, 2000, 15~24쪽.

69 문화재청, 앞의 책, 2000, 37~38쪽.

70 문화재청, 『휘경원 순강원 영휘원 능제복원 기본계획 연구』, 2010, 56~70쪽.

71 문화재청, 앞의 책, 2010, 50~55쪽.

72 『경혜인빈상시봉원도감의궤』상 책인조성소 품목질; 『정조국장도감의궤』 삼방의궤 조작질 등 의궤 기록을 참고하였다.

73 『경혜인빈상시봉원도감의궤』상 책인조성소 품목질.

74 『정조국장도감의궤』 「삼방의궤」 〈조작질〉; 이현진, 「의궤를 통해 본 조선왕실의 의물 봉과」, 『조선왕실의 포장 예술』, 국립고궁박물관, 2017, 225쪽.

75 현존하는 저경궁의 신주갑은 지갑형인데, 기사계첩의 책갑이나 대원군의 초상화를 넣는 것도 지갑형으로 만들어져 있다.(장경희, 「조선 후기 포장형태의 구조와 종별 특징 연구」, 『조형디자인연구』 23, 한국조형디자인협회, 2020, 92~99쪽.)

76 『(경혜인빈)상시봉원도감의궤』상 책인조성소 품목질.

77 서준, 앞의 논문, 『조선왕조의 옥책 5』, 국립고궁박물관, 2017, 246쪽.

78 『영조실록』권90, 1757년(영조 33) 12월 10일; 국립고궁박물관, 앞의 논문, 『조선왕조의 옥책 5』, 국립고궁박물관, 2017, 246쪽.

79 『영조실록』권97, 1761년(영조 37) 1월 5일.

80 나영훈, 「조선시대 都監의 성립과 변천」, 한국학중앙연구원 석사학위논문, 2017, 92~100쪽.

81 『영조실록』권80, 1753년(영조 29) 7월 27일.

82 『승정원일기』726책, 1731년(영조 7) 7월 8일.

83 『승정원일기』729책, 1731년(영조 7) 8월 20일.

84 『승정원일기』822책, 1736년(영조 12) 3월 16일.

85 장경희, 「1755년 경혜인빈 김씨의 상시호 죽책(竹冊)과 은인(銀印) 관련 물품의 제작 장인 연구」, 『역사민속학』 61, 한국역사민속학회, 2021, 101~104쪽.

86 장인 개개인의 활동에 관해서는 다음 논문을 다수 참고하였다.(장경희, 앞의 논문, 2021, 125~145쪽).

87 장영주·류성룡, 「가칠장(假漆匠)의 성격과 역할」, 『건축역사연구』 31, 한국건축역사학회, 2022, 51~54쪽.

88 모군(募軍)과 같은 잡역을 제외하고 이름이 확인되는 장인의 수를 세어보면 책인조성소 114명, 원소조성소 98명, 비석소 59명, 대부석소 39명, 보토소 13명, 노야소 15명, 소부석소 64명, 수석소 8명, 책인별공작 47명, 묘우별공작 86명, 원소별공작 32명, 분장흥고 2명, 번와소 7명이다. 묘우조성소는 장인의 이름이 기록되어 있지 않다. 중복 포함.(『경혜인빈상시봉원도감의궤』)

89 『경혜인빈상시봉원도감의궤』상 책인조성소 품목질.

90 『경혜인빈상시봉원도감의궤』상, 계사질.

91 『각사등록』「경상감영계록」 1891년(고종 28) 1월 28일.

92 『승정원일기』740책, 1732년(영조 8년) 3월 7일.

93 『정조실록』권44, 1796년(정조 20) 3월 22일.

94 사금이 발견되는 강가의 흙을 가래로 퍼내어 포대에 담고 바가지에 물을 부어 모래가 일도록 해서 걸러 소량의 금을 얻었다. 한 사람이 하루 동안 작업하면 3~10알의 금을 채취할 수 있었다. (임원경제연구소, 앞의 책, 2016, 198쪽.)

95 금이 발견되었다고 신고된 지역에 중앙 관리인 채금경차관(採金敬差官)이나 채방사(採訪使)를 보냈고 관(官)에 소속된 장인이 동행하였다. 채방사는 원석이 제련되면서 획득한 금량과 투입된 노동량을 중앙에 보고하였고, 임금은 그 지역에 채굴할 여부를 결정하였다. (『세종실록』권9, 1420년(세종 2년) 8월 9일; 『세종실록』권93, 1441년(세종 23년) 8월 22일.)

96 김세린, 「조선시대 금속공예 入絲 연구」, 이화여자대학교 석사학위논문, 2019, 246쪽.

97 『임원경제지』권51, 섬용지(贍用志), 권제4

98 『가례도감의궤 영조정순왕후』 삼방의궤 품목질.

99 『친잠의궤』 의주질; 『경모궁악기조성청의궤』 품목질; 『가례도감의궤 영조정순왕후』 이방의궤 품목질; 『가례도감의궤 영조정순왕후』 삼방의궤 품목질.

100 『세종실록』권46, 1429년(세종 11년) 12월 23일; 초철법은 동광석을 깨끗이 물에 일어 용광로에 달군 후 굳을 때까지 기다려 망치를 사용해 부숴 추출하는 방식을 말한다.(『임원경제지』, 권51, 섬용지, 권제4, 공제총찬)

101 『승정원일기』60책, 1637년(인조 15) 8월 21일.

102 『성종실록』권258, 1491년(성종 22) 10월 12일; 김순영, 2014, 「조선시대의 염료 수급 체계와 염색 수공업자 유형」, 『한국의류학회지』, 한국의류학회, 2014, 758~759쪽.

103 김순영, 「조선 후기 왕실 복식의 염색 문화」, 『한국의류학회지』 15, 한국의류학회, 2013, 193~194쪽.

104 김지희, 『염색장』, 국립문화재연구소, 2002, 36쪽.

105 임원경제지, 권50, 섬용지, 제색지구(設色之具)

106 신숙, 「한국 고대 보석장식 공예품과 국제교류」, 홍익대학교 박사학위논문, 2016, 21~24쪽.

107 『승정원일기』8책, 1625년(인조 3) 8월 5일.

108 『성종실록』권136, 1481년(성종 12) 12월 6일; 12월 7일; 1482년(성종 13) 6월 21일.

109 의궤 기록을 토대로 현재 전승되는 무형문화재 선자장(扇子匠)의 기술을 참고하여 정리한 과정이다. (국립무형유산원, 『선자장』, 민속원, 2017, 81~86쪽; 임원경제연구소, 『임원경제지 섬용지 3』, 풍석문화재단, 2016, 193쪽.)

110 〈경혜인빈 상시호 죽책〉 유물의 실측치이다.

111 『경혜인빈상시봉원도감의궤』상 책인조성소 품목질 1755년 6월 5일.; 장을연, 「朝鮮時代 王世子 冊封文書 研究」, 한국학중앙연구원 한국학대학원 석사학위논문, 2007, 17~30쪽.; 장연이, 「조선시대 초상화 제작에 사용된 종이 연구」, 용인대학교 문화재보존학과 석사학위논문, 2012, 44~47쪽.

112 장을연, 앞의 논문, 2007, 17~20쪽.

113 〈경혜인빈 상시호 죽책〉의 격유보 유물 실측치이다.

114 오지혜, 「조선시대 궁정 악기 제작기구의 조직과 역할」, 『이화음악논집』 26, 이화여자대학교 음악연구소, 2022, 35~37쪽.

115 죽책을 만든 장인의 도구는 『경혜인빈상시봉원도감의궤』 책인별공작 품목질 기록을 바탕으로 정리하였다.

# 참고문헌

사료

『朝鮮王朝實錄』

『承政院日記』

『敬惠仁嬪上謚封園都監儀軌』

『英祖貞純王后 嘉禮都監儀軌』

『景慕宮儀軌』

『林園經濟志』

학술논문


강영주, 「17~18세기 공예 蘭畵의 유형과 의미」, 『미술사학연구』 300, 한국미술사학회, 2018, 219~253쪽.

곽희원, 「조선후기 궁원제와 명문기명」, 『美術史學』 32, 한국미술사교육학회, 2016, 45~73쪽.

구혜인, 「조선시대 吉禮·凶禮 공예품 연구의 현황과 과제」, 『朝鮮時代史學報』 100, 조선시대사학회, 2022, 411~458쪽.

김경미, 「국립고궁박물관 소장 조선 왕실의 교명(敎命) 장황」, 『古宮文化』 2, 국립고궁박물관, 2008, 60~83쪽.

김미라, 「조선 왕실 玉冊 內函의 17-19세기 변화양상」, 『미술사학연구』 293, 한국미술사학회, 2017, 33~63쪽.

김민규, 「조선 18세기 조각가 최천약(崔天若) 연구」, 『문화재』 46, 국립문화재연구소, 2013, 124~139쪽.

김상호, 「영조년간의 왕실묘성 석각역사에 참여한 각수 연구」, 『서지학연구』 43, 한국서지학회, 2009, 93~114쪽.

김순영, 「조선 후기 왕실 복식의 염색 문화」, 『한국의류산업학회지』 15, 한국의류산업학회, 2013, 192~201쪽.

______, 「조선시대 염료의 종류와 유형」, 『한국의류산업학회지』 38, 한국의류산업학회, 2014, 201~215쪽.

______, 「조선시대의 염료 수급 체계와 염색 수공업자 유형」, 『한국의류학회지』 38, 한국의류학회, 2014, 755~768쪽.

김신웅, 「朝鮮時代의 京工匠과 外工匠의 關係」, 『產業經營研究』 12, 清州大學校 產業經營研究所, 1989, 279~311쪽.

김용흠, 「인조대 원종 추숭 논쟁과 왕권론」, 『學林』 27, 연세대학교 사학연구회, 2006, 33~92쪽.

김윤정, 「조선시대 禮葬都監의 성격과 역사적 추이」, 『장서각』 38, 한국학중앙연구원, 2017, 168~192쪽.

김이순, 「조선왕실 무덤, 園의 창안과 전개」, 『美術史論壇』 41, 한국미술연구소, 2015, 87~112쪽.

김정신, 「선조대 덕흥대원군(德興大院君) 전례(典禮) 논쟁과 종법(宗法) 인식」, 『다산과현대』 7, 연세대학교 강진다산실학연구원, 2014, 291~329쪽.

나영훈, 「조선전기 都監의 운영과 官制정비」, 『한국사연구』 162, 한국사연구회, 2013, 331~389쪽.

______, 「『의궤(儀軌)』를 통해 본 조선후기 도감(都監)의 구조와 그 특성」, 『역사와 현실』 93, 한국역사연구회, 2014, 235~296쪽.

______, 「조선전기 도감(都監)의 조직과 기능」, 『朝鮮時代史學報』 70, 조선시대사학회, 2014, 41~98쪽.

______, 「선조대 후반(1592~1608) 都監의 운영을 통해 본 都監制의 역할과 존속 배경」, 『군사』 94, 국방부 군사편찬연구소, 2015, 117~156쪽.

______, 「조선후기 도감의 설치 장소와 공해 활용」, 『서울학연구』 73, 서울시립대학교 서울학연구소, 2018, 81~122쪽.

박금진, 「영조 사친 숙빈 최씨의 육상궁 의물 연구」, 『조형디자인연구』 18, 한국조형디자인학회, 2015, 43~58쪽.

______, 「조선후기 칠궁과 내부 의장물 비교 연구」, 『조형디자인연구』 21, 한국조형디자인학회, 2018, 111~126쪽.

박종민, 「조선시대 국장도감 소속 공장의 활동 연구」, 『문화재』 40, 국립문화재연구소, 2007, 325~355쪽.

백종숙, 「朝鮮時代 染料의 文獻的 考察」, 『원우논총』 3, 숙명여자대학교 대학원원우회, 1985, 211~237쪽.

오준석·이새롬 외, 「국립민속박물관 소장 19~20세기 갓끈 재질 조사: 호박, 대모, 플라스틱, 유리를 중심으로」, 『문화재』 51, 국립문화재연구소, 2018, 66~83쪽.

안선호·홍승재, 「궁궐 내 원묘(原廟)건축 연구」, 『대한건축학회논문집』 27, 대한건축학회, 2011, 133~140쪽

오지혜, 「조선시대 궁정 악기 제작기구의 조직과 역할」, 『이화음악논집』 26, 이화여자대학교 음악연구소, 2022, 7~46쪽.

오창명·손희하, 「〈儀軌〉류의 고건축 어휘 해독과 건축 용어 선정」, 『호남문화연구』 42, 전남대학교 호남학연구원, 2008, 231~272쪽.

유미나, 「조선 후반기 시책 내함의 니금 瑞獸圖 연구」, 『미술사학』 32, 한국미술사교육학회, 2016, 7~44쪽.

윤용현·조남철 외, 「매실산을 이용한 월지 출토 금동삼존판불의 금도금법 복원」, 『보존과학회지』 33, 한국문화재보존과학회, 2017, 107~120쪽.

이경희·이은주, 「『가례도감의궤』를 통해 본 의향(衣香)의 용도와 재료」, 『韓服文化』 16, 한복문화학회, 2013, 121~133쪽.

이근호, 「선조의 광해군 양위 과정」, 『한국불교사연구』 10, 한국불교사연구소, 2016, 141~166쪽.

이명희, 「조선왕조 시대의 복색 및 염료에 관한 연구」, 『Family and Environment Research』 20, 대한가정학회, 1982, 37~43쪽.

이미선, 「조선시대 後宮(후궁)의 용어와 범주에 대한 재검토」, 『朝鮮時代史學報』 72, 조선시대사학회, 2015, 57~91쪽.

이민홍, 「중원 시법(諡法)의 수용과 한국 역대(歷代) 제왕의 시호(諡號)」, 『漢文學報』 12, 우리한문학회, 2005, 485~509쪽.

이수현·홍나영, 「17세기 조선의 복식 사치와 문직물의 수입에 관한 연구」, 『服飾』 66, 한국복식학회, 2016, 93~106쪽.

이영춘, 「朝鮮後期의 祀典의 再編과 國家祭祀」, 『한국사연구』 118, 한국사연구회, 2002, 195~219쪽.

이왕무, 「영조의 死親宮·園 조성과 幸行」, 『장서각』 15, 한국학중앙연구원, 2006, 97~129쪽.

이진희, 「조선시대 장황 용어와 관련 기록」, 『장서각』 23, 한국학중앙연구원, 2010, 117~149쪽.

이현진, 「영 · 정조대 육상궁의 조성과 운영」, 『진단학보』 107, 진단학회, 2009, 93~128쪽.

임민혁, 「조선후기 영조의 효제(孝悌) 논리와 사친추숭(私親追崇)」, 『朝鮮時代史學報』 39, 조선시대사학회, 2006, 112~152쪽.

장경희, 「朝鮮後期 王室의 玉工藝匠人 硏究 : 17·18世紀 玉匠과 刻手를 중심으로」, 『미술사연구』 15, 미술사연구회, 2001, 109~149쪽.

______, 「조선후기 여성장인의 장색(匠色)과 직역(職役) 연구」, 『여성과 역사』 20, 한국여성사학회, 2014, 97~140쪽.

______, 「조선 15세기 장말손(張末孫) 패도(佩刀) 연구」, 『조형디자인연구』 21, 한국조형디자인학회, 2018, 168~182쪽.

______, 「조선후기 종묘 신실 내 목공예품의 종류와 제작실태」, 『東方學』 40, 한서대학교 동양고전연구소, 2019, 237~268쪽.

______, 「1800년 순조 왕세자 책봉 교명과 교명궤의 제작실태」, 『조형디자인연구』 22, 한국조형디자인협회, 2019, 139~159쪽.

______, 「조선 후기 포장형태의 구조와 종별 특징 연구」, 『조형디자인연구』 23, 한국조형디자인협회, 2020, 83~104쪽.

______, 「1755년 경혜인빈 김씨의 상시호 죽책(竹冊)과 은인(銀印) 관련 물품의 제작 장인 연구 : 『敬惠仁嬪上諡封園都監儀軌』 책인조성소의 분석을 통하여」, 『역사민속학』 61, 한국역사민속학회, 2021, 95~149쪽.

______, 「조선시대 왕실용 부채와 선장(扇匠)의 직역 변화 및 제작실태」, 『東方學』 47, 한서대학교 동양고전연구소, 2022, 221~250쪽.

장영주·류성룡, 「가칠장假漆匠의 성격과 역할」, 『건축역사연구』 31, 한국건축역사학회, 2022, 45~56쪽.

장을연, 「冊文의 筆寫本에 관한 서지학적 고찰」, 『서지학보』 33, 한국서지학회, 2009, 185~213쪽.

______, 「清代 조선왕실 冊封誥命과 조선 敎命의 형태 비교연구」, 『장서각』 24, 한국학중앙연구원, 2010, 135~168쪽.

______, 「대한제국기 金冊의 현황과 양식적 특징」, 『古文書研究』 46, 한국고문서학회, 2015, 205~230쪽.

전덕재, 「통일신라 銅 · 青銅製品의 生産과 流通」, 『한국문화』 66, 서울대학교 규장각한국학연구원, 2014, 169~206쪽.

전상욱, 「『輿地圖書』에 나타난 進上관련 조항의 분석」, 『문화재』 44, 국립문화재연구소, 2011, 150~163쪽.

정경희, 「朝鮮後期 宮園制의 성립과 변천」, 『서울학연구』 23, 서울시립대학교 부설 서울학연구소, 2004, 157~193쪽.

정해득, 「조선초기 왕릉제도의 정비과정」, 『朝鮮時代史學報』 63, 조선시대사학회, 2012, 5~39쪽.

______, 「조선시대 묘제(墓制) 연구」, 『朝鮮時代史學報』 69, 조선시대사학회, 2014, 37~66쪽.

______, 「조선후기 사친추숭과 능원제도」, 『朝鮮時代史學報』 86, 조선시대사학회, 2018, 191~225쪽.

제지현, 「崔天若이 제작·감독한 조선 왕실 御寶 연구」, 『美術史學研究』 304, 한국미술사학회, 2019, 137~165쪽.

최공호, 「조선 전기 경공장의 기술 통제와 분업」, 『美術史論壇』 47, 한국미술연구소, 2018, 115~138쪽.

최솔잎, 「조선시대 책문(冊文)의 형식과 특징 : 『文苑黼黻』 소재 책문(冊文)을 중심으로」, 『東方漢文學』 89, 동방한문학회, 2021, 29~74쪽.

한민수·황진주·문환석, 「고대 도금 제작 기술에 관한 연구-수은 아말감 도금법을 중심으로」, 『保存科學研究』 23, 국립문화재연구소, 2002, 113~129쪽.

학위논문

김지희, 조선시대 왕실 사친묘(私親廟)의 운영과 사도묘(思悼廟)의 건립, 서울대학교 대학원 건축학과 석사학위논문, 2017

나영훈, 「조선시대 都監의 성립과 변천」, 한국학중앙연구원 한국학대학원 박사학위논문, 2017.

문영자, 「조선시대 追尊王의 追尊論 전개와 祔廟 과정」, 건국대학교 대학원 사학과 석사학위논문, 2013

장연이, 「조선시대 초상화 제작에 사용된 종이 연구」, 용인대학교 문화재보존학과 석사학위논문, 2012

장을연, 「조선시대 왕세자 책봉문서 연구」, 한국학중앙연구원 한국학대학원 석사학위논문, 2007.

정다슬, 「朝鮮 後期 玉冊 硏究」, 동국대학교 대학원 석사학위논문, 2020.

정연오, 「한국 목공예에 나타난 대나무 가식방법에 대한 연구 : 죽편기법을 중심으로」, 진주산업대학교 대학원 석사학위논문, 2009.

단행본

국립고궁박물관, 『종묘』, 국립고궁박물관, 2014.

국립고궁박물관, 『조선왕실의 포장 예술』, 국립고궁박물관, 2017.

국립고궁박물관, 『조선왕조어책 : 교명·죽책·금책』, 국립고궁박물관, 2017.

국립고궁박물관, 『조선왕조의 옥책 5』, 국립고궁박물관, 2017.

국립중앙박물관, 『외규장각 의궤의 장황』, 국립중앙박물관, 2014.

국립무형유산원, 『선자장』, 민속원, 2017.

국립문화재연구소(現 국립무형유산원), 『침선장』, 국립문화재연구소, 1998.

국립문화재연구소(現 국립무형유산원), 『각자장』, 국립문화재연구소, 1999.

국립문화재연구소(現 국립무형유산원), 『두석장』, 민속원, 2008.

임원경제연구소 역, 『임원경제지 섬용지 2』, 풍석문화재단, 2021.

임원경제연구소 역, 『임원경제지 섬용지 3』, 풍석문화재단, 2021.

보고서

문화재청, 『칠궁(七宮)의 연혁 및 수리공사보고서』, 문화재청, 2000.

문화재청, 『휘경원 순강원 영휘원 능제복원 기본계획 연구』, 문화재청, 2010.

웹사이트

국립무형유산원 무형유산 디지털 아카이브(www.iha.go.kr)

국립중앙박물관 외규장각 의궤(www.museum.go.kr/uigwe)

서울대학교 규장각한국학연구원 원문검색서비스(kyu.snu.ac.kr)

한국고전번역DB(db.itkc.or.kr)

한국사데이터베이스(db.history.go.kr)

한국학중앙연구원 디지털 장서각(jsg.aks.ac.kr)

長秋
選叶吉夢於
稟性溫粹
飭行端貞
仁嬪

夙齡膺名家之
選叶異夢於
長秋
哲範播六宮之

飭行端貞
仁嬪
美秖爲伸誠伏惟
顯冊敢云彰
典於百年聿隤

章陵之舊邸夫豈偶然前春拜豐
壤之
故岡尤有感者
宮園揭號援近例於顯
親

| | |
|---|---|
| 사업 총괄 | **김서란** 수집연구과장 |
| 글·기획·진행 | **강연경** 학예연구사 |
| 진행 지원 | **박진희** 연구원 |
| 논고 | **김미라** 이화여자대학교 한국문화연구원<br>**이 욱** 한국학중앙연구원 왕실문헌연구실<br>**장경희** 한서대학교 문화재보존학과 |
| 감수·자문 | **장경희** |
| 한문 번역 | **김종태** 한국고전번역원<br>**이상설** (사)은대고전문헌연구소 |
| 자료 출납 | 이승해 학예연구사<br>장보경, 최화은 연구원 |
| 사진 촬영 | 성석, 강연경 학예연구사<br>김광기, 박진희 연구원<br>이종근 ㈜그루비주얼 |
| 자료 제공·협조 | 고려대학교 박물관<br>국립고궁박물관<br>국립무형유산원<br>문화재청 궁능유적본부<br>문화재청 세계유산정책과 |
| 발행인 | 김수정 관장 |
| 발행처 | 서울공예박물관<br>서울특별시 종로구 율곡로3길 4<br>www.craftmuseum.seoul.go.kr |
| 발행일 | 1판 1쇄 2022년 10월 31일 |
| 제작 편집 | 삼십칠도 커뮤니케이션 www.37com.co.kr |
| ISBN | 979-11-6599-752-6 |